AF438985

LES

FIANCÉS DAUPHINOIS

PARIS, IMPRIMERIE DE JOUAUST ET FILS, RUE SAINT-HONORÉ, 338.

FRANÇOIS CAMPADELLI

LES

FIANCÉS DAUPHINOIS

SOUVENIRS DE GRENOBLE

NOUVELLE HISTORIQUE

PARIS

CHEZ L'AUTEUR, 9, VILLA SAINT-MICHEL.

42, AVENUE DE SAINT-OUEN

(BATIGNOLLES)

1863

PRÉFACE.

Il est des œuvres qui sont comme le produit spontané du hasard, et, sans une série de circonstances où un homme se trouve placé, les faits dont elles sont la manifestation resteraient couverts du voile de l'oubli, au moins pour la masse des lecteurs ; tout au plus ils survivraient dans la mémoire des êtres généreux qui en ont connu et chéri les acteurs. Pour eux un tel souvenir passe à l'état de culte, et s'il ne franchit pas les bornes étroites de la localité, les faits qu'il rappelle prennent, dans des récits palpitants d'émotions, le caractère d'une légende qui s'incarne pas à pas dans les esprits, et forme une parcelle de ce contingent sacré dont se constitue la conscience humaine, toujours en recherche de ce qui est beau, noble et réellement grand.

De telles réflexions sont bien applicables à cet opuscule, pages simples et émues où je me suis efforcé de traduire avec tout l'accent de la vérité les récits d'un homme, ou pour mieux dire, d'un frère qui avait été témoin du petit drame de famille dont j'esquisse les traits les plus saillants. Si mes lecteurs y trouvent quelque charme, ce sera un hommage rendu moins au talent de l'écrivain qu'au caractère sublime, dévoué, vraiment fraternel, des héros qui sont le sujet de sa narration.

Quelques jours après la paix de Villafranca, je regagnais la France, terre hospitalière de mon long exil, et je m'arrêtais à Grenoble, où j'avais été naguère témoin des ovations que les populations dauphinoises avaient prodiguées à l'armée française, à son départ pour l'Italie. Je ne sais quel attrait me poussait vers cette cité patriotique dont les habitants mêlent à une certaine gravité, dénuée de toute raideur, la chaleur de l'enthousiasme et cette franchise sympathique dont l'ancienne race gauloise faisait toujours preuve à l'égard des étrangers. Il me semblait que je devais trouver là une station réparatrice de mes fatigues, et sous ce ciel splendide, au milieu du spectacle grandiose qu'offre la nature dans cette montueuse vallée, une diversion aux vagues tristesses qu'avait laissées à mon âme le dénoûment si prompt d'une guerre qui m'avait fait rêver la libération complète de l'Italie.

Mon attente fut pleinement justifiée. Dès le soir même de mon arrivée, comme je me promenais seul et pensif le long des berges de l'Isère, un homme vint m'aborder avec cette franchise ouverte qui appelle la confiance. Mon képi de volontaire de l'armée italienne appelait naturellement ses sympathies, et ce sentiment de curiosité qu'une belle âme ne craint pas d'avouer, lorsqu'elle aspire à entendre le récit d'un drame qui provoque son plus vif intérêt, de la bouche même d'un homme qui en a pris sa part, comme témoin oculaire, et comme acteur.

« Monsieur, me dit-il en m'abordant, pourrai-je, sans indiscrétion, vous demander si vous êtes Français ou Italien? Votre costume n'est pas celui de l'armée française. Il appartient, je crois, aux légions de Garibaldi, qui en majeure partie se composaient d'Italiens, mais avaient admis dans leurs rangs des hommes généreux de divers pays, sympathiques à la cause soutenue avec tant d'éclat par ce général dont le patriotisme et la valeur viennent d'accomplir des prodiges?

— Je suis Italien, lui répondis-je.

— Dans ce cas, reprit-il, je me garderai de pousser plus loin mes questions, car un retour si rapide sur le sol français pourrait bien être le résultat d'une détermination devant laquelle je dois garder la réserve. Loin de moi la pensée d'insulter au malheur des hommes que les derniers évènements ont pu froisser. Bien que la cause dont ils étaient les adversaires me soit sympathique, je les respecte dans leur défaite; et, si vous êtes de ce nombre, je serais heureux de vous prouver que le sentiment de l'humanité fait taire dans mon cœur la voix des préjugés. Il suffit qu'un homme soit malheureux pour qu'il ait droit à mes sympathies. »

A ces paroles je compris que ce généreux Dauphinois était un membre de la grande famille Maçonnique. Un de mes signes lui suffit, et il se jeta dans mes bras avec la plus cordiale effusion.

« Je suis, lui dis-je, mon frère, un volontaire italien. J'appartiens à la légion Romagnole. La paix rend désormais mon concours inutile, et, en attendant de nouveaux événements, je retourne à Paris, le séjour de mon exil et ma patrie pendant les longues années durant lesquelles j'ai été forcément séparé de ma terre natale. Je suis de Bologne.

— Vous m'appartenez, frère, me dit-il alors avec un accent plein d'une franche énergie, et tant qu'il vous plaira de rester à Grenoble, permettez-moi de vous considérer comme un membre de ma famille. Vous n'y trouverez ni richesses, ni luxe, mais la bonne hospitalité. Touchez là ! »

Je serrai avec émotion cette main qui m'était offerte avec tant de cordialité, et je suivis mon nouvel ami jusqu'à la rue de la Préfecture. C'est là que j'ai passé huit jours qui comptent dans mon existence comme une phase de bonheur et de jouissances morales ; c'est là que j'ai entendu de la bouche de mon ami la touchante histoire dans laquelle je désirerais être l'interprète des chaudes émotions qu'il manifestait en me la racontant.

LES

FIANCÉS DAUPHINOIS

CHAPITRE Ier.

GRENOBLE ET SON PANORAMA.

Ami touriste, vous est-il jamais arrivé de vous éveiller, par une matinée d'automne, dans la vallée du Grésivaudan, où l'Isère promène en serpentant ses eaux capricieuses, et dont les flancs se couronnent par une triple rangée de montagnes abruptes? Dans la basse région, c'est l'Éden avec ses fleurs et ses fruits. La partie supérieure en est comme l'antithèse avec ses escarpements et ses immenses blocs noircis par les frimas. Le paradis et l'enfer se touchent de près, sans que l'un nuise à l'autre. En effet, le contraste de la désolation et de la stérilité fait ressortir plus vivement les beautés luxueuses de la vie végétale.

Au centre, la ville s'endort au souffle de la brise qui caresse les tours noires de sa vieille cathédrale, et remue les feuilles des arbres centenaires qui ornent ses magnifiques jardins.

Là tout est grand pour la pensée, tout est sublime pour l'art, jusqu'à cette masse énorme de pierres qui domine la porte de France. La nature, par un de ses caprices, y a façonné la roche à l'image de l'homme : on dirait la grande figure de l'empereur.

A votre droite surgit Montfleury, qui a donné l'hospitalité à Bayard. Plus loin, l'œil se perd dans un plus grand horizon. C'est un vaste échiquier de prairies à la verdure luxuriante, tout encadrées de haies vives ou d'arbres dont les têtes inégales frangent l'air et varient de tons, suivant le jeu de la lumière.

A votre gauche, le fleuve se brise contre de petits écueils avec un murmure cadencé qui se mêle au gazouillement des oiseaux, et à ces mille voix mystérieuses de la nature qui charment la pensée et poussent l'homme à la rêverie. Il se plie et replie en capricieux méandres, comme s'il avait regret de quitter ces berges émaillées de frais gazons.

Au-dessus de tout cela plane le spectacle grandiose de la nature. Que de beautés, en effet, s'offrent aux yeux sous une même zone ! L'homme se trouve au centre d'un immense parterre de fleurs; plus haut, il voit des groupes épais et majestueux de sapins, balançant dans les airs leurs têtes sombres; plus haut encore, ce sont des granits, les uns à peine recouverts de pâles mousses et de lichens, les autres nus et sans végétation, noircis par la bise ou calcinés par les ardeurs du soleil; vrais squelettes jetés pêle-mêle les uns sur les autres par le cataclysme antédiluvien.

Balzac a eu tort de s'arrêter à la Chartreuse. Il aurait dû arriver jusqu'ici, car le tableau que nous ébauchons à peine était vraiment digne de son pinceau magistral.

Même en laissant à part le spectacle de la nature qui lui prête tant de charmes, Grenoble est, parmi les villes de France, une de celles qui ont le cachet le plus original. La vie y circule, pour ainsi dire, tout en dehors, pleine d'animation et de séve. L'homme y est un mélange de brusque franchise et de verve enthousiaste, tempérées par une certaine gravité d'allures qui le distingue des autres méridionaux. La femme y est vive et sémillante, active, travailleuse surtout. Parcourez les rues tortueuses de la vieille capitale du Dauphiné, partout elle vous apparaîtra sous ce dernier aspect. A chaque moment vous avez l'occasion de voir à l'œuvre les doigts mignons qui découpent ou cousent la peau destinée à ganter les deux tiers du monde civilisé. Ce sont de ces visages frais et souriants que l'on rencontre parfois sur les toiles de l'école italienne, mutins et espiègles comme les joyeuses et pimpantes figures rendues avec tant d'éclat par le pinceau flamand. Rieuses et gaies comme les Andalouses, sans égaler en lasciveté langoureuse ces bayadères issues du sang mauresque, elles en ont la pétulance, qui, se mariant avec la grâce française, les enveloppe d'un charme fascinateur. La Dauphinoise est aimante et veut être aimée.

Dans cette espèce de cirque naturel, fertile en oppositions si pittoresques, où Grenoble surgit comme une fleur, la vie semble jaillir par tous les pores de la nature; elle s'y marie harmonieusement avec les retours si mobiles de l'atmosphère, avec les tons éclatants d'un ciel splendide, et la brise qui agite les grands massifs de ses bruits sonores, et les murmures bruyants de l'Isère.

La vie morale y a les mêmes aspects. Chaudes opinions, souvenirs historiques, dont une grande nation tire son orgueil, élans patriotiques si puissants à l'aurore de la liberté française, et que le moindre souffle peut animer, la moindre étincelle mettre en combustion.... voilà Grenoble ! Elle est comme emprisonnée par une triple enceinte de géants de pierre, remparts de la nature que l'homme ne saurait ni vaincre ni dompter. Elle est, pour ainsi dire, la vassale de ces boulevards gigantesques dont la masse ravit à ses yeux la vue des plaines voisines. Et de quelque part qu'elle élève ses regards sur l'horizon, elle a pour couronnement du tableau ces vastes géants de granit.

Nos plus palpitants souvenirs du Dauphiné nous reportent à une belle matinée d'automne. Il importe peu d'en fixer le jour, nous avons horreur des dates lorsqu'il s'agit d'un drame du cœur. Le calendrier romain, de même que ses devanciers, ne pourra jamais y rien modifier, tout comme les passions n'auront jamais d'autre essor que celui qui leur a été imprimé par les lois de la Providence. Aimer, c'est sentir ; sentir, c'est comprendre ; comprendre, c'est plus que deviner. Cette trilogie est l'acte complet, synthétique, de la société humaine. A l'amour, une pensée qui se dégage comme des aromes ; à la pensée, un idéal ; à la compréhension, une de ces dernières pages de la vie que l'on effeuille souvent comme une rose au pied d'une croix ou sur le bord d'un tombeau. La philosophie de tous les siècles, les révolutions des peuples, se trouvent toujours devant ces vérités, éternelles comme des problèmes flottant dans l'océan d'un axiome universel.

Presque en face de la porte de France, sur la gauche du fleuve, se montre une grande allée au riche tapis de verdure. Elle est ombragée par des marronniers entre lesquels, de loin en loin, s'élèvent des peupliers qui semblent tout fiers de dresser leurs têtes sveltes et coniques au-dessus de leurs rivaux. La nature a aussi ses rivalités, et nous n'aurions pas sans cela cette belle page de La Fontaine, le Chêne et le Roseau. L'allée se prolonge droite, raide et symétrique, jusqu'à un pont de fer, papillote de l'art jetée sur la Tomanche, torrent capricieux qui a des pierres et des eaux vives pour les truites, et des lits de vase sous ses berges pour les anguilles.

A droite de cette allée est située une maison de modeste apparence. En avant de la maison se déroule un jardin dont le pourtour est ombragé d'un berceau de chèvrefeuille entrelacé de jasmin. L'aspect en est charmant, tant il s'encadre bien avec ce riche paysage et ce climat délicieux, où tout est volupté, où vivre est une jouissance, aimer un besoin.

CHAPITRE II.

RÊVERIES DE JEUNE FILLE. — EMBARRAS D'UN FACHEUX PRÉTENDANT.
LE BOUQUET OFFERT PAR L'AMOUR ET ACCEPTÉ PAR L'AMITIÉ.

Deux personnes silencieuses se trouvaient sous la partie du berceau qu'avoisine l'habitation. Le premier de nos personnages est assis dans un de ces fauteuils rustiques dont le dossier s'incline comme pour inviter au repos. C'était un vieillard qui avait passé la soixantaine, mais cassé par les fatigues plutôt que par les années. Sa tête vénérable, couronnée de cheveux blancs, était penchée sur sa poitrine avec une majesté patriarcale. A son front ridé, mais calme et digne, à la vivacité de ses yeux que les ans n'ont pas encore affaiblis, on devinait une de ces puissantes et belles natures méridionales, chez lesquelles l'âme ne vieillit point en même temps que le corps, tant elles savent allier l'énergique verdeur de la jeunesse à la placide bonhomie des derniers ans.

Rosalie, sa petite fille, se tenait assise à trois pas de distance. L'expression de son visage était grave et recueillie ; son sourire avait une douceur singulière ; son regard, plus suave encore que de coutume, s'abandonnait par intervalles à une molle et fascinante rêverie. De temps à autre, elle laissait tomber sur ses genoux un ouvrage de broderie, et regardait les passants sur la grande allée, en les suivant des yeux avec un soupir contenu.

Dans ce modeste asile que l'ombre de la feuillée pénétrait d'une fraîcheur douce et salutaire, le vieillard ne tarda pas à s'endormir. De son côté la jeune fille, qui avait pendant quelque temps suivi d'un regard plein de tendresse la gradation placide et calme d'une somnolence changée bientôt en sommeil profond, abandonna peu à peu son ouvrage et se remit à contempler son aïeul, les yeux mi-voilés de larmes à peine contenues, et tout empreints d'une adorable mélancolie. Oh ! c'est qu'elle avait sur le cœur un secret longtemps gardé, et qui bien des fois s'était arrêté sur les lèvres, alors que, dans ses moments d'expansion naïve, elle avait été tentée de le déposer, comme un trésor, dans l'âme qui répondait le mieux aux affections de la sienne ! Je ne sais quelle crainte, quel sentiment de pudeur l'avait arrêtée. Mais alors, en présence de ce sommeil tranquille et l'harmonieux mystère de la nature qui semblait le bercer, il se fit dans tout l'être de la jeune fille une réaction naturelle contre son silence forcé, et, oubliant en quelque sorte qu'elle pouvait avoir un témoin de ses douleurs intimes, elle reprit son monologue d'amour, comme si elle continuait à se trouver face à face avec la solitude.

On eût dit alors qu'elle cherchait à se donner la force de subir une épreuve tentée bien des fois inutilement... Et cependant sa voix tremblante ne rendait que de faibles sons pareils aux légères plaintes de la brise.

« O moments enchanteurs ! disait-elle tout bas, qu'êtes-vous devenus ? Me serez-vous jamais rendus ? Qu'ils sont longs et tristes ces jours que je passe loin de toi ! Jours perdus et pleins d'amertume... Ah ! reviens, reviens, avant que le souffle envenimé de l'hypocrisie entasse calomnie sur calomnie, pour entraver cette union qui serait le charme de nos deux existences.

« Et qui pourrait condamner cette union si sainte ? Nul être au monde n'en a le droit, et tout effort qui serait tenté pour briser le lien qui unit nos cœurs tomberait impuissant ; il échouerait devant l'énergique protestation de nos volontés. Un amour si pur triomphera de la haine et de l'envie. Mais, hélas ! pourquoi suis-je seule ? Pourquoi mon cœur ne peut-il s'appuyer sur le sien, pour soutenir la lutte contre les ennemis de notre bonheur ? Je serais plus forte alors... Quand pourrai-je m'asseoir librement à ses côtés, lui presser les mains et lui dire : « Je suis à toi. » Il sera mon meilleur ami, mon unique soutien contre ce monde railleur et sans foi où je ne marche qu'en tremblant, tant je le vois semé d'embûches... Comme je serai forte et fière à son bras ! Être sa femme, ô mon Dieu ! c'est trop, oui c'est trop de bonheur : il me déborde, et mon cœur ne pourra suffire à tout l'amour qu'il m'inspire. Qui ne serait touché de le voir si empressé, si dévoué, si plein d'élans chaleureux et sympathiques ? Oh ! quand je me rappelle notre dernière promenade ! C'était le soir ; nous marchions l'un près de l'autre. Longtemps il me pressa les mains en silence. Enfin, cédant aux doux sentiments qui obsédaient son âme, il me répétait de sa voix émue ces mots qui vibraient dans mon cœur ainsi qu'une musique céleste : « Rosalie, aime-moi seulement pendant cette courte vie. Je t'aimerai, moi, durant l'éternité... » — Des siècles d'existence ne valent pas de pareils moments. — Quel beau soir ! Le feuillage pâle et desséché tombait des arbres se colorant de nuances pourprées versées à flots par le soleil couchant. Les oiseaux gazouillaient leurs adieux à l'automne en son dernier beau jour. Hélas ! c'était peut-être aussi le nôtre ! »

Bientôt elle secoua ce rêve mélancolique et passa la main sur son front, comme pour repousser magnétiquement le souvenir de cette déchirante séparation.

Mais c'était un effort à peu près inutile : car l'absence, qui bien souvent effeuille les amitiés les plus vives, et quelquefois l'amour lui-même, n'avait pas eu la moindre prise sur le cœur de la jeune fille ; au contraire, elle semblait contribuer à rendre plus saisissantes les impressions qu'il avait subies aux premières atteintes d'une de ces passions pures et saintes destinées à embrasser toute l'existence.

« Rosalie ! » dit assez haut le vieillard, qui venait de s'éveiller comme en sursaut, en retirant aussitôt de la poche de sa veste une pipe dont il secoua la cendre avec le pouce ; puis il jeta un regard plein d'un tendre intérêt sur sa petite-fille, dont la préoccupation lui causait de l'étonnement.

Rosalie, arrachée à sa rêverie, se tourna vers lui comme sans y prendre garde, et lui dit : « Ne m'avez-vous pas appelée, mon père ?

— Mais oui, repartit Octave en souriant. A quoi songes-tu donc si profondément ?

— A quoi je songe ? dit-elle avec un soupir mal contenu. A rien ; je regardais ce rosier.

— A bien peu de chose, sans doute, car je ne vois pas trop quel intérêt ce rosier pourrait éveiller en toi.

— Je vous assure, cependant... » Et la jeune fille s'arrêta soudain, comme si elle eût craint, en ajoutant quelque parole de plus, de trahir les émotions qui oppressaient son cœur.

« Pourquoi, dit le vieillard, tes paroles sont-elles accompagnées de soupirs ? Tes paroles disent une chose, et tes yeux une autre. Mais à quoi bon cette réserve mystérieuse ? Pourquoi ces réticences ? Va, je te connais bien mieux que tu ne te figures, moi qui ai entouré ta jeunesse de tant de soins, moi qui ai suivi avec une joie paternelle l'éclosion de tes facultés, depuis les jours où ta pensée ne s'exprimait que par un bégayement enfantin jusqu'à ceux où tu as fait l'orgueil de ta mère et des tiens par ta douceur et les grâces de ton esprit. Quoi donc ! est-ce là tout le prix du zèle assidu que j'ai consacré à ton éducation, pendant laquelle je suivais avec autant de bonheur que d'amour le développement de ton intelligence et des qualités si précieuses de ton jeune cœur !... Aux tristes pressentiments que me cause ta tristesse tu ne réponds que par le silence ou par un langage détourné. C'est bien mal à toi d'avoir des secrets pour ce pauvre vieillard qui donnerait tout au monde pour te savoir heureuse. Tiens ! nous sommes seuls, parlons à cœur ouvert. »

A ces mots, il s'approche de la jeune fille, lui tendant ses deux mains avec bonté.

Rosalie, comme rassurée par cette marque de confiance, se précipite dans ses bras, l'embrasse, penche sa tête sur son épaule avec une expression d'angélique naïveté, et, après un long soupir qui semblait la dégager d'un poids intolérable, elle s'écrie : « Ah ! mon bon père ! vous allez tout savoir. »

Elle allait commencer son récit de sa voix encore émue, hésitante, lorsque deux personnes se présentèrent au seuil de la porte du jardin. La première, c'est Gustave, le filleul de Mme Bernard. Il tient un énorme bouquet de fleurs naturelles dans sa main droite. A sa mise simple, mais recherchée pour un villageois dans l'aisance, on devine qu'il médite quelque projet. Bien que ce ne soit pas un dimanche, il a son chapeau gris de feutre, des souliers ferrés à hauts talons, sa veste fine de drap bleu, un pantalon de même couleur, un gilet vert en poil de chèvre à ramages voyants, et un beau foulard en cravate. S'il était moins modeste, il serait un vrai lion de village, car son physique répond à l'élégante coquetterie de sa mise. Il est haut de taille ; ses longs cheveux châtains se déroulent en boucles autour de son front, et son visage aux traits saillants est empreint de douceur.

Sa compagne était Agathe, domestique de la famille Bernard. Elle a cinquante ans ; mais elle les porte bien. On peut s'en convaincre rien qu'à voir sa démarche vive encore et pleine d'aisance, malgré le poids de sa taille dodue et de ses membres potelés. Sa figure pleine, et remarquable par sa teinte de vermillon, annonce la satisfaction de vivre, un calme inaltérable d'esprit, un grand fonds de gaîté. Il y a dans la vieille fille une certaine coquetterie, reste de ses habitudes d'un meilleur temps, ce qui fait que la jeunesse se plaît encore auprès d'elle, comme l'amateur du pittoresque devant une ruine qui conserve des fragments de son ancienne magnificence.

« Voyons, dit Agathe, ne tremble pas ainsi, Gustave, ne sois pas si gauche pour faire ton entrée. Ces airs ne conviennent pas à un amoureux.

— Mais je crois vous l'avoir dit, ma chère tante, répond le campagnard, si j'éprouve tant d'embarras lorsque j'approche de Rosalie, c'est que je crains de lui déplaire. J'ai bien peur, voyez-vous, que tous nos soins ne se trouvent inutiles. Rosalie ne veut pas de moi, croyez-le bien ; elle semble même redouter mon amour ; elle évite avec le plus grand soin mes regards et jusqu'à mes attentions. Si je lui adresse la parole, elle est fort habile à détourner la conversation, comme si elle voulait empêcher mes lèvres d'exprimer les sentiments qui lui parlent par mes yeux.

— Allons, allons, reprit Agathe, prétexte de jeune homme qui n'ose pas lui-même ouvrir la bouche ! Attendras-tu que Rosalie veuille bien te la délier ! Les jeunes filles, vois-tu, mon neveu, ne haïssent point les amoureux qui soupirent, mais elles aiment aussi les amoureux qui parlent, et ce n'est que pour les mieux écouter qu'elles font d'abord la sourde oreille. Je sais cela, moi.

— Oh ! s'écrie le jeune homme, si je pouvais seulement penser qu'elle m'entendrait sans colère !...

— De la colère, répondit Agathe de l'air le plus sérieux (car elle avait grande envie de rire), de la colère, dis-tu ? Allons donc, enfant ! est-ce que des propos d'amour offensent une jolie fille ? Voyons, Gustave, dit-elle avec une assurance nouvelle, il faut dès aujourd'hui, et pour tout de bon, commencer de faire notre cour à cette Rosalie que tu crains mal à propos, sans songer que ton silence peut te faire passer à ses yeux pour un indifférent.... Et d'abord changeons, s'il vous plaît, d'allure et de physionomie ; relevons hardiment cette tête ; posons une main sur cette hanche dégagée, et balançons l'autre en tenant gracieusement ce bouquet. Voyons un peu : qu'on mette ce chapeau sur l'oreille, et puis, avançons-nous poliment, mais sans trop de façons, et parlons d'amour librement, à haute voix, comme nous savons si bien parler de nos moissons. Nous verrons alors si la plus difficile et même la plus dédaigneuse ne se sentira pas fort heureuse de pouvoir te dire : « Tiens ! il est gentil Gustave ! Quel bon mari j'aurai là ! » Le reste est mon affaire, cher neveu ; tu peux compter sur la protection de ta marraine. Commence le premier une besogne qui te regarde ; je la continuerai, crois-le bien, et la noce ne se fera pas longtemps attendre. Eh bien ! courage donc, et vivent les amours ! »

Gustave se recueillit quelques instants. Il hésite d'abord, mais s'enhardissant un peu au souvenir des paroles de sa tante Agathe, il s'avance avec une résolution qui ne lui était pas ordinaire, et, après avoir salué le vieillard et la jeune fille, il présente son bouquet à cette dernière.

Triomphant alors de sa timidité :

« Chère Rosalie, lui dit-il d'une voix douce et caressante, vous qu'on ferait mieux d'appeler Rose du Dauphiné, daignez, je vous prie, accepter de ma main le témoignage de la joie que j'éprouve le jour de votre fête. Recevez ces fleurs, moins belles que vous ; la main les a cueillies, mais le cœur les a choisies, et c'est le cœur qui vous les offre, et il y trouve son bonheur, tant est puissant le sentiment que le vôtre lui a inspiré. »

Rosalie lui répondit par un léger sourire. Sans être acceptée d'une manière formelle, l'offre n'était pas refusée non plus.

Et le jeune homme continua :

« Depuis le jour où votre pensée le domina, on me voit rarement dans les groupes de mes compagnons. Je me plais à aller seul par les champs. Je passe des heures entières à rêver aux bords des fontaines murmurantes dont les eaux vont se perdre sous les saules de la prairie. Parfois je vais m'étendre à l'ombre des meules de foin, ou le long des blés encore verts d'où l'alouette s'élance pour faire entendre ses joyeux chants d'amour. Quelquefois je regarde vaguement les nuages où le soleil couchant se teint de pourpre ; je jouis de la sérénité du soir, et au milieu de ses brises fraîches qui se jouent autour de moi, je pense à vous et j'élève mes yeux vers le ciel, lui confiant le secret de mon cœur. Ce secret, vous le connaissez maintenant, Rosalie ! c'est que je vous aime. »

Et Gustave s'arrête comme si l'aveu qu'il venait de faire était le résultat d'un effort héroïque de sa volonté. Mais son silence même était plus éloquent que toutes les paroles qu'il eût pu articuler en ce moment, car le sentiment débordait alors tellement son cœur, qu'il ne pouvait trouver d'expression que dans la douce flamme de ses regards, et dans un frémissement qui se peignait sur les traits de son visage et dans toute son attitude.

Rosalie, de son côté, semblait compatir à l'embarras du jeune homme, qui, voyant dans ses yeux un regard d'ineffable bonté, sentit renaître son courage, ou plutôt surmonta sa timidité naturelle. Tendant, en effet, vers elle une main tremblante d'émotion, il lui offrait son bouquet. Il lui offrait plus encore, son cœur. La jeune fille prend le bouquet, et, s'arrêtant plutôt au geste qu'à l'intention, elle obéit au cérémonial d'usage avec une naïve simplicité. Elle ne repoussa pas Gustave, qui déposa sur son front un respectueux baiser.

« Très-bien ! très-bien ! mon neveu, s'écrie Agathe. Je suis contente de toi, car tu t'acquittes à merveille de ton rôle. Mais ce n'est pas tout : est-ce qu'on n'embrasse pas aussi sa vieille tante ? »

Le jeune homme se jeta au cou d'Agathe avec transport.

Pendant ce temps, Rosalie tenait le bouquet sans avoir l'air de prendre part à l'effusion du jeune homme et de sa protectrice. Elle le considéra quelques moments avec un sourire de douce satisfaction, tempéré par la mélancolie ; puis elle le posa sur sa petite table champêtre, en poussant un léger soupir.

« Que vous êtes bon, Gustave ! dit alors la jeune fille avec un air de douceur exquise qui rayonnait sur toute sa personne quand elle pouvait dominer le trouble de ses pensées. Quelle sollicitude pour moi ! Comment répondre à de si vives, à de si touchantes marques de sympathie? Je serais bien ingrate si je n'en étais pas touchée, car vous êtes un véritable ami. »

Ce dernier mot sonna comme un glas funèbre dans l'âme du jeune cultivateur. Un frisson de désappointement courut par toutes ses veines. Mais il fondit comme neige sous le regard céleste de Rosalie lorsqu'elle ajouta :

« Une chose m'afflige, c'est que vous ne veniez pas nous voir plus souvent.

— Il partage ce regret, dit finement Agathe ; mais d'importants devoirs lui dérobent toutes ses heures. Il faut qu'il veille à son héritage, afin d'assurer pour l'avenir le bonheur de celle qui doit partager un jour son sort. » Se tournant alors vers Gustave : « Allons, mon neveu, dit-elle, prends mon bras et viens souhaiter le bonjour à ta marraine. »

En même temps eut lieu de part et d'autre un échange de salutations polies, et l'on se sépara. La jeune fille ne pouvait s'empêcher de jeter encore quelques regards de triste mélancolie sur Gustave, pendant qu'il se retirait lentement, comme s'il était en proie à un secret désir de revenir sur ses pas, et un sentiment de douce pitié répandu sur ses traits en augmentait les charmes. Gustave, sombre et méditatif, la tête inclinée sur sa poitrine, semblait obéir aux mouvements d'Agathe, et il cheminait comme un homme irrésolu, abattu par ses désenchantements. Il était silencieux et morne, tant il était accablé sous le poids de ses pensées intérieures.

« Ah ! ma tante, dit enfin le neveu, après avoir fait quelques pas vers la porte de la maison, je crains bien d'avoir à passer par d'éternelles épreuves, sans jamais arriver à ce que je désire. Je ressemblerai toujours à un homme pressé par la soif, qui n'a devant lui qu'un verre vide. »

Et il accompagna ces paroles désespérées d'un profond soupir.

« Que tu es enfant ! lui répondit la tante. N'as-tu pas entendu qu'elle regrette ton absence ?

— Ah ! oui, dit le jeune homme avec un sourire plein d'ironie, accompagné d'un brusque hochement de tête, c'est une politesse obligée, une consolation banale, un feu d'artifice destiné à me voiler de tristes vérités.

— Tu comptes donc sans tes amis ? reprit la tante avec douceur. Sois tranquille, Rosalie est un enfant gâté comme toi ; son âme dort encore. A son réveil, nous saurons la disposer en ta faveur. Partons. »

Cela dit, la matrone, donnant le bras gauche à son neveu, le conduisit d'un air triomphant chez Mᵐᵉ Bernard.

CHAPITRE III.

CONFIDENCES. — LE PROSCRIT ET LE FILS D'ADOPTION. — TRISTES ADIEUX.
BEAUCOUP D'AMOUR ET PEU D'ESPÉRANCE.

Le vieillard avait assisté d'un air presque indifférent à cette scène. Quand les visiteurs furent partis, il jeta sur sa petite-fille un regard scrutateur. Ne voyant pas sur ses traits calmes le moindre signe d'embarras, il s'en étonna. Aussi, voulant pénétrer le secret de la jeune fille, il renoua la conversation sans prendre le moindre détour pour arriver à son but, et il lui dit, avec une expression de douce sévérité : « Eh bien ! ma chère enfant, connais-tu bien la conséquence de ce que tu viens de faire ? »

Rosalie leva sur le vieillard ses beaux yeux avec un sourire plein de finesse : « Oui, mon père, dit-elle : j'admire le caractère de Gustave ; il est bon, généreux, loyal ; je l'aime autant que notre Agathe.

— Vraiment ! Mais ton cœur ne va-t-il pas plus loin que ce sentiment qui n'est en somme que de l'amitié ou de l'estime ? »

Rosalie saisit avec empressement cette occasion de déposer naïvement dans le sein du vieillard le tendre secret qui pesait sur son cœur : « Vous n'ignorez pas, dit-elle de sa voix la plus caressante, que ma mère m'impose comme un devoir d'épouser Gustave. Eh bien ! malgré tout mon désir de ne pas lui déplaire, je sens que j'aurai beaucoup de peine à lui obéir. Peut-être même, en lui obéissant, ferais-je le malheur de Gustave et le mien, ce qui serait bien mal de ma part, car je l'estime, quoique je n'éprouve pour lui aucun amour.

— Ah ! vous êtes bien tous les mêmes, enfants ! L'amour ! l'amour ! c'est le grand mot ! Mais vous ignorez qu'en mariage il n'est pas absolument indispensable. Gustave te déplaît-il, par hasard ?

— Non ; j'admire, comme je vous l'ai dit, ses belles qualités.

— Mais tu en aimes un autre. »

Rosalie rougit et pâlit tour à tour ; mais elle répondit avec une espèce d'embarras : « Je crois que c'est cela, mon père.

— Enfantillage de jeunesse ; rêverie de jeune fille prompte à prendre feu comme à s'éteindre, sans trop de motifs. Voyons quel est cet autre. »

Rosalie n'aurait point osé peut-être confier au vieillard un secret qui pesait sur son cœur ; mais la confiance que lui témoignait son grand-père en ce moment par ses questions affectueuses lui donna tout à coup la hardiesse d'un aveu qu'en toute autre circonstance il lui eût été pénible de faire : « C'est, dit-elle, le fils d'un de vos amis que l'injustice des hommes a éloigné de ses foyers. »

A ces mots, le vieillard fronça les sourcils ; son large front se plissa, et les traits de son visage s'assombrirent. Ils étaient l'expression du tumulte intérieur de son âme. Il parut un moment plongé dans des réflexions amères. Enfin, rompant le silence : « Oui, ma fille, dit-il, l'injustice des hommes a éloigné de sa terre natale le plus noble cœur, le plus généreux, le plus dévoué des amis. Infortuné Charles ! tu as succombé pour la cause de ta patrie..., et loin d'elle encore... On a pu t'arracher de son sol, objet de ton amour, comme on arrache un chêne qui fait l'orgueil et l'ornement d'une forêt... Mais on n'a pu t'arracher de mon cœur ! »

Le vieillard se tut et resta longtemps silencieux, mais calme et impassible ; car il est des larmes qui ne se montrent pas, elles coulent intérieurement sur le cœur. Rosalie se contint aussi, malgré l'émotion qui la dominait ; seulement elle jetait furtivement sur son grand-père un de ces tristes sourires où se peint la mélancolie, sourires bien souvent plus expressifs que des larmes.

Cependant l'imminence d'une situation qui menaçait de porter la plus grave atteinte à ses sentiments les plus chers lui suggéra tout à coup l'heureuse pensée de rappeler au vieillard le souvenir touchant des adieux de M. Charles. C'était faire vibrer en lui une des cordes les plus sensibles de son âme, dans laquelle elle éprouvait la nécessité pressante de se réfugier pour y trouver un appui.

Elle était dans cette disposition d'esprit, lorsqu'un léger bruit la fit tressaillir.

« Aurais-tu peur ? » dit le vieillard, et en même temps il lui montrait du doigt un oiseau qui s'envolait à l'instant d'un arbre voisin, en articulant de petits sifflements à demi étouffés où se peignaient l'angoisse et la frayeur.

Rosalie, après avoir interrogé d'un regard le petit animal, saisit l'occasion de commencer son récit, qui soulevait tant de pensées diverses et d'émotions graves au fond de tout son être.

« Peur ! répondit-elle, non ; mais ce bruit me rappelle un de nos souvenirs les plus douloureux. Le soir d'un jour que vous étiez absent et qui compte pour notre famille au nombre des plus tristes et des plus malheureux, un bruit à peu près semblable, mais un peu plus distinct, se fit entendre à notre porte ; il était accompagné de soupirs étouffés.

« Mon père s'écria : « Qui est là ! »

« Une voix suffoquée répondit : « Ami ! » C'était comme l'appel réservé d'un être malheureux qui veut faire deviner sa présence à des amis sans éveiller l'attention indiscrète du voisinage.

« Ma mère consulta mon père du regard et alla ouvrir. C'était M. Charles. Il était coiffé d'un large chapeau rond dont les bords rabattus lui couvraient la figure. Il tenait par la main son fils Émile.

« Mon père s'écria : « C'est toi, Dumont. »

« —Silence ! » interrompit M. Charles d'un accent de voix sombre et et contenue, et lui mettant la main sur la bouche, « silence ! mon nom ne doit pas se prononcer si haut. » Puis, regardant autour de lui, il ajouta à voix basse : « Oui, mes bons amis ; oui, Joseph, c'est moi-même. Je viens d'entendre ma condamnation.

« — Proscrit ! » s'écrièrent à la fois mon père et ma mère, touchés jusqu'aux larmes d'une si pénible situation.

« Mon père était digne de vous, et, comme vous, un de ces cœurs généreux que l'infortune attire, au lieu d'attiédir leurs sympathies. S'avançant vers son ami, il lui tend une main cordiale : « Courage ! Dumont, lui dit-il, tout n'est pas perdu ; les autres te condamnent..., moi je t'absous, et je te prie de regarder ma maison comme la tienne jusqu'à des jours meilleurs.

« — Ton offre est généreuse, ami, dit M. Charles, et elle me pénètre d'une aussi vive reconnaissance que si je l'acceptais. Je n'attendais pas moins de ton cœur. Mais le mien n'aura pas à se reprocher d'avoir abusé de l'amitié poussant jusqu'à ce point le sacrifice et l'abnégation. En remplissant ainsi ton devoir, tu m'apprends à remplir le mien ; aussi me garderai-je de te faire partager mes périls. Agir autrement serait de ma part un acte d'égoïsme, une lâcheté. Un seul motif m'attire près de toi : je viens te confier mon enfant. Sois son père, et vous, madame, vous la plus tendre des mères, soyez sa mère ; aimez-le pour moi, puisqu'un destin fatal me sépare du seul bien qui me reste.

« — Mon père ! s'écria alors Emile, se précipitant vers lui dans un élan d'amour filial, laisse-moi te suivre.

« — Impossible ! dit M. Dumont d'un ton grave et ému.

« — Oh ! je t'en supplie, reprit Emile... Je ne puis vivre sans toi. Laisse-moi partager tes peines ; avec toi je saurai souffrir sans me plaindre... et s'il faut mourir, au moins je mourrai dans tes bras.

« — Non, je ne puis y consentir, reprit M. Charles, contenant avec peine son émotion et ses larmes, qui retombaient brûlantes sur son cœur, je n'y puis consentir. Ah ! mon enfant, tu ne peux te faire une idée de cette affreuse chose qu'on appelle l'exil ! Ce sont les ennuis de la terre étrangère, les regrets du ciel qui nous a vus naître, les tortures de la misère, et bien souvent une douleur pire encore, l'indifférence ou le mépris des hommes... Ah ! je puis seul en affronter le poids, la faim, les outrages mêmes ; mais avec toi, mon enfant...! Non, mon cœur y faiblirait... Ah ! s'il m'était permis de t'y donner un asile pour te garantir des coups qui me sont réservés par le sort !... Mais non, reste ! »

« Emile se tint longtemps les bras enlacés autour du cou de son père ; leurs larmes se confondirent. On eût dit qu'ils les savouraient en silence et qu'ils y trouvaient une consolation suprême.

« Immobiles, semblables à ces froides statues de marbre dont le regard glace par sa fixité, nous assistions muets à cette scène émouvante.

« Mon père fut le premier à rompre cet engourdissement des facultés mentales où nous semblions plongés. Il s'approcha de M. Dumont et lui pressa les mains avec effusion. C'était un signe d'acquiescement; mais il ne put articuler une parole.

« — Merci ! dit M. Charles avec exaltation. Malgré toutes mes traverses, je ne suis pas arrivé au dernier terme de l'infortune, puisqu'il me reste un ami.

« Un ami ! Oh ! ce bien précieux est, même dans l'absence, le plus cher entretien de l'âme pour celui que poursuivent les orages de l'infortune ; il éprouve en songeant à lui un tressaillement de fierté, car il se dit à lui-même : Combien d'hommes se disent amis sur la terre, quand la plupart d'entre eux ne sont que les vils courtisans de la fortune ou du bonheur triomphant dont ils se disputent les faveurs ! La flatterie, la bassesse et la cupidité sont les mobiles des faux sentiments qu'ils étalent. Mais les témoignages d'amitié accordés au malheureux, au proscrit, ont pour base l'héroïsme du cœur : il n'y a rien à gagner alors et tout à perdre en restant fidèle, car on affronte avec générosité les dangers qu'on peut courir à faire l'aveu d'un tel sentiment; on foule aux pieds l'injustice, la haine, les préjugés, les passions les plus viles, acharnées à la perte de cet homme qui n'a plus pour bouclier que sa conscience, et l'estime de celui qui a su le mieux lire en elle et compatir à ses douleurs.

« Ah ! merci de ce généreux témoignage ! Il ne me surprend pas : je te connaissais, et ma présence à ce foyer, alors que tout s'éloigne de moi comme d'un réprouvé, alors que les sympathies de tant d'hommes que, sur leur parole, je pouvais croire amis, restent muettes, en est la meilleure preuve ; je savais que je trouverais ici un homme, et plus encore un frère.

« Hélas ! et c'est au moment où je trouve ici le témoignage le plus vivant du trésor que mon cœur y possédait , que je dois le quitter ! Epreuve terrible sans doute, mais qui me laisse une consolation suprême. Dans tous les lieux de mon exil cette chère image me suivra, et me fera souvenir qu'au comble même des infortunes, il ne faut pas désespérer de l'humanité.... Bien plus, en pensant à lui , je me souviendrai qu'il est sous tous les horizons des âmes, trop peu nombreuses encore, il est vrai, qu'anime le même souffle généreux : celles-là ne transigent pas non plus avec l'injustice, l'ignorance et l'erreur ; la lumière providentielle les a pénétrées de ses rayons ; elles forment une immense chaîne morale vibrant avec la puissance du grand Être qui est le centre de tout bien, de toute vertu, de toute clémence.

« Oui, je les trouverai dans mon long et triste pèlerinage ces hommes d'élite pour qui l'infortune est sacrée. A leurs yeux il n'est pas d'étranger sur la terre, et leurs sympathies ne s'arrêtent pas à ces bornes restreintes que l'antagonisme et les intérêts de quelques jours décorent pompeusement du nom de frontières. Leur philosophie a des horizons plus vastes ; elle plane avec amour sur l'universalité des êtres, dont elle s'efforce de rendre le présent plus tolérable, et les prépare à goûter dans l'avenir les bienfaits de la paix. Ah ! oui, j'en trouverai sur ma route, de courageux athlètes de la grande œuvre, et, la main dans leur main, j'apprendrai à devenir moins imparfait, plus fort et plus résolu à marcher ferme dans le rude combat de l'existence. »

« Alors se tournant vers son fils : « —Emile, mon enfant, lui dit-il, tu vas mettre le pied dans cette arène de la vie où les luttes sont si ardentes et si vives. Là, en effet, se trouvent pêle-mêle, et en face les unes des autres, les passions étroites et mesquines, et la vertu, qui, par malheur, a des manifestations trop rares pour que les hommes d'élite qui la préconisent et la pratiquent jusqu'à l'héroïsme et l'abnégation arrivent facilement à triompher des obstacles accumulés sur leur route. Egoïsme et préjugés, indifférence vulgaire de la foule qui s'abdique et s'incline devant le succès, quelle que soit son origine ; incessantes manœuvre des ambitieux que l'appât des richesses, du luxe et du pouvoir, jette au milieu d'une arène où l'humanité verse tant de larmes et pousse des cris de détresse qui les trouve sourds : voilà, mon enfant, les ennemis que rencontre sans cesse dressés devant lui tout homme de bonne volonté. A mesure que tu apprendras à les connaître, rends-toi fort et ne plie jamais à leurs caprices. Tu trouveras pour les combattre des armes dans la Franc-Maçonnerie. Elle t'ouvre ses bras ; tu es mon fils, et à ce titre elle s'empressera de t'accueillir et de t'accorder son initiation. Désormais tu lui appartiens, car elle est la tutrice naturelle de toute âme qui souffre, l'amie de celui qui, au milieu des épreuves du malheur, voit tout à coup disparaître ceux qu'aux jours de la prospérité il croyait ses amis ; elle est la bienfaitrice du vieillard qui, malgré les sueurs de son travail journalier, ne peut suffire à son existence ; elle est enfin la consolatrice de tout cœur brisé par l'affliction. Etrangère aux séductions du pouvoir, exempte de tout calcul ambitieux, ou, pour mieux dire, indépendante des institutions civiles et religieuses (formes à ses yeux purement transitoires), elle semble avoir été instituée par le Maître de la nature comme un contre-poids nécessaire aux calamités du genre humain. Telle est sa gloire et le secret de sa puissance ; toute sa force est dans son influence morale.

« Dans cette noble famille les rangs se confondent ; prince ou cultivateur, artiste ou artisan, riche ou pauvre, nul n'y possède un droit spécial ; tous les hommes y sont frères, et s'il existe parmi eux quelque inégalité, ce n'est pas, comme ailleurs, grâce au rang social et à la fortune : les plus vertueux y sont les premiers par le privilége de l'attrait qu'exerce la grandeur d'âme et le dévouement. Que ses leçons se gravent profondément dans ton cœur, que ses principes deviennent les tiens, la règle invariable de tes actions et le feu sacré de ta morale. Promets-moi que, ton âge révolu, tu t'empresseras de t'unir à tes frères : alors tu auras accompli le plus cher de mes vœux. »

« — Généreux père, dit Emile, en ce moment si triste pour nous deux, une parole est un engagement sacré ! Je ne l'oublierai pas, alors même que ce malheureux jour, dont la mémoire ne s'effacera jamais de mon cœur, ne serait pas toujours présent devant moi pour me rappeler mes serments. Ne m'as-tu pas donné des preuves assez fortes de ton amour paternel pour que chacune de tes paroles soit une loi pour moi ! Encore à la force de l'âge, tu t'es vu frapper dans tes plus chères affections ; tu perdis ma mère, noble et sainte compagne de tes pensées, être sublime qui comprenait tes aspirations, et les environnait par ses sentiments d'une auréole de poésie. Une telle séparation laissa dans ton cœur un sillon ineffaçable. Aussi pour honorer la mémoire et les vertus de celle qui n'est plus, tu te renfermas dans le sanctuaire conjugal, où tout te rappelait ses douceurs angéliques unies à la sensibilité la plus exquise, son enthousiasme pour la cause de la justice et de l'humanité, et les inépuisables ressources de ce caractère d'élite mêlant les délicatesses de l'esprit aux candeurs de l'âme si vivement empreintes dans ces joies maternelles (grand secret des triomphes du cœur chez la femme !), et tu restas fidèle à ce précieux souvenir en refusant tout autre lien, pour consacrer tes affections et tes soins à l'unique gage d'une si chaste union. Tu m'as tout sacrifié et tu n'exiges rien de moi, car ce n'est rien exiger que de me demander une telle promesse. C'est un bonheur pour moi de te la donner, et en m'en acquittant je verrai s'accomplir le plus cher de mes désirs. Eh ! puissé-je être digne plus tard d'appartenir à cette société généreuse ! Serai-je assez vertueux pour mériter qu'elle m'admette dans son sein ? »

« — Enfant, lui répond M. Dumont avec exaltation, désirer l'être, c'est l'être déjà. Tu me donnes ta parole, il suffit. Elle est pour moi la plus douce compensation qui puisse m'être offerte au milieu de tant d'irréparables malheurs. »

« Et M. Charles se tut, jetant sur son fils un regard où les lueurs d'une joie passagère cédèrent bientôt à une indéfinissable tristesse. Le même sentiment nous gagnait tous, et nous nous taisions, comme si nous eussions craint d'aigrir par quelque parole une douleur si profonde.

« Le proscrit fut le premier à triompher d'un tel abattement. Après un long silence, il relève fièrement la tête et s'écrie : «C'en est fait, je dois partir ! L'envie et la haine triomphent et la justice est flétrie au souffle des plus ignobles passions.

« Mais n'importe, ajouta-t-il, relevant sa tête avec fierté, mieux vaut supporter l'exil, malgré toutes ses amertumes, que de courber la tête sous les coups de l'injustice, et de ramper devant elle comme un esclave !

« — Espérons, ami, lui dit alors mon père ; ces tristes moments appartiennent à nos ennemis, mais l'avenir doit leur échapper.

« — Mais qui peut compter sur un tel retour?

« — Celui qui a le droit pour lui, répondit mon père.

« — La force ne connaît pas de droit.

« — Dumont, une âme comme la tienne, qui est un modèle d'énergie et de modération, saura la braver et se défendre de ses piéges.

« — Ah! oui, s'il ne s'agissait que de lutter face à face : le danger présent alors excite le courage. Mais contre des ennemis ténébreux vous frappant toujours à l'improviste et sans défense possible contre leurs trames hypocrites, le mensonge, la fraude et la délation, quelle chance y a-t-il pour qu'un homme de cœur triomphe dans la lutte ? »

« Dans ce moment l'horloge venait de frapper plusieurs coups. M. Charles porta tristement les yeux sur l'aiguille : elle marquait minuit.

« — Mes amis, dit-il faisant un effort sur lui-même pour soutenir son courage, c'est à minuit que mes yeux se sont ouverts à l'incomparable lumière de la Maçonnerie. Elle m'éclairera dans les ténèbres, elle me donnera la force de gravir le sommet de la souffrance, dans cette lutte digne et fière de l'homme seul contre les difficultés de la vie. Je pars. »

« Son accent alors était grave et solennel. A ces mots : « Je pars! » Emile, qui depuis un moment était devenu calme en voyant la tranquillité et la force stoïque de son père, n'y tint plus. Il se jeta à son cou.

« — Mon père! s'écria-t-il en sanglotant, te reverrai-je jamais ?

« — Espérons-le, mon enfant, répondit celui-ci en jetant sur son fils un regard où se peignaient les tristes incertitudes de son âme et s'efforçant de les combattre. Nous nous reverrons, sans doute, puisque nous le méritons. »

« Alors, il le pressa dans ses bras avec un sourire ineffable; il se dégagea insensiblement de l'étreinte de son fils, l'embrassa encore une fois, le mit entre les bras de sa mère, lui faisant signe de rester auprès d'elle, et partit avec un calme et une dignité de maintien qui faisaient bien contraste avec notre situation, car nous pleurions tous. »

La jeune fille se tut un moment, et, jetant sur le vieillard un regard pénétrant, elle put s'apercevoir que son récit avait produit sur lui une profonde impression.

« Dès ce jour, continua Rosalie, votre fils, qui était aussi fidèle ami que tendre père, le regretta comme vous. Aussi l'affection qu'il avait témoignée à M. Charles se reporta sur Emile. Le fils de son ami était devenu l'enfant de la maison.

« Quatre ans plus tard, l'heure fatale sonna pour mon père. Malgré nos soins affectueux, nous ne pûmes conjurer une maladie qui le consuma lentement. A sa dernière heure, il nous rassembla tous et s'éteignit dans nos doux embrassements, après nous avoir bénis.

« Emile était parmi nous; comme nous il avait prié avec ferveur pour le salut de mon père. Ses pleurs et ses sanglots en ce moment se mêlèrent aux nôtres. Il eut sa part du dernier souffle de mon pauvre père et de ses bénédictions. »

A ces mots Rosalie s'arrêta. Elle leva vers le ciel ses yeux attristés et ses larmes coulèrent en abondance.

Son émotion gagna le vieillard, qui, au souvenir d'un fils bien-aimé, imita la jeune fille.

Après quelques moments de silence, le vieillard, comme s'il eût voulu changer de conversation, dit à Rosalie : « Il me semblait que ton père avait témoigné l'intention de t'unir à... »

Il s'interrompit tout à coup, plongeant dans les yeux de la jeune fille un regard scrutateur. Mais Rosalie, se détournant comme si elle n'avait pas entendu son grand-père, continua : « Emile était aimé comme un enfant de la maison ; mais nos cœurs se parlaient un autre langage.

— Pourquoi l'écoutais-tu ?

— Il avait la voix si douce et si tendre ; comment ne pas y prêter l'oreille ? Nous aimions à nous répéter que nous n'avions qu'une seule âme, car ses goûts étaient les miens, nos pensées et nos sentiments étaient les mêmes.

— Et tu l'as cru ainsi ? dit le vieillard d'un ton presque sévère.

— Oui, mon père.

— Ah ! jeunesse, jeunesse ! Têtes folles ! sera-t-il jamais permis de vous faire entendre le langage de la raison ? Sans doute, ma chère enfant, comme tant d'autres de tes pareilles, à ton âge, tu t'es élancée dans les rêves exaltés et vaporeux des sentiments romanesques. Les molles tendresses de Pétrarque pour Laure, exprimées en stances harmonieuses, où les délicatesses du cœur et de l'esprit s'unissent avec tant de souplesse et de charme ; les aspirations idéales du Dante vers cette mystérieuse Béatrix, si belle, et tellement dégagée des liens de la terre que le poëte semble la rechercher dans les sphères extra-mondaines ; les soupirs brûlants, mais plus réels et plus vrais, d'Héloïse et d'Abeilard, dont rien au monde ne put altérer ni la pureté, ni la sainte chaleur, si bien que leur amour devait, suivant la légende, franchir la limite du tombeau : voilà, ma chère enfant, les grands modèles que tu t'es faits, comme tant d'autres, dans les rêves exaltés de ton imagination... Hélas ! que de tristes retours viennent bien souvent abattre le gracieux et charmant tissu de ces mensongères images ! Mais c'est en vain que la voix de l'expérience le dit : l'expérience est le lot de ceux qui ont vécu et souffert... Mais toi, comme une fleur qui vient de s'épanouir et n'a pas encore subi les atteintes des autans, ni le choc des orages, ni perdu sa fraîcheur primitive, tu ne vois ces choses que par les côtés brillants... Tu marches avec une confiance ingénue sur les traces de ces femmes presque divines que tu te proposes comme un idéal à suivre, et, par un phénomène de ton imagination, Emile t'apparaît comme une reproduction vivante de ces types légendaires de l'amour, du sentiment et de la fidélité... ; de ces Pétrarque, ces Dante, ces Abeilard, dont les souvenirs s'éternisent dans les cœurs sensibles... Du moins il est, comme eux, chantre et poëte... »

Le grand-père se tut souriant, mais de ce sourire où la douce ironie et la pitié se marient avec un charme adorable , faisant à un jeune cœur plus d'impression que les leçons d'une sévérité chagrine, quoique juste, dont il se révolterait...

« Ainsi donc, reprit-il enfin après quelques instants de pause, les chants d'Emile ont produit sur toi les effets que je viens de te signaler?

— Oh ! mon père ! ayez pitié de moi si je n'ai pu résister à cette mélodie qui ne peut être connue que des âmes pénétrées d'un véritable amour. » Alors, interrompant tout à coup ses aveux, la jeune fille reprit :

« Il y a deux ans qu'Emile dut nous quitter. La loi du sort l'atteignit, et il dut en subir les conséquences. Cette loi est nécessaire sans doute, mais elle pèse invinciblement sur le pauvre comme le stigmate même de la pauvreté, tandis que l'homme que la fortune favorise peut échapper à prix d'argent à l'accomplissement du devoir le plus sacré, celui de veiller au salut du pays , à son ordre intérieur dans la paix et à sa défense dans la guerre. Cependant, en ces divers états, pauvres et riches n'ont-ils pas le même intérêt, les mêmes sympathies ? Ah ! quand la patrie est menacée, je comprends que tous volent à sa défense. Honte à celui qui pourrait être sourd à sa voix ! Mais en ces temps de paix générale, qu'est-il besoin d'une armée si nombreuse ? Et pourquoi faut-il que tant de jeunes gens qui, bien souvent, sont les soutiens et l'espérance de leurs familles, soient condamnés à sacrifier les plus beaux jours de leur existence dans le rude métier de soldat?

— Enfant, dit le vieillard, l'amour te rend injuste sur un principe que ton sexe te fait mal définir. Oui , il faut une armée, avec cette seule différence qu'au lieu d'une armée dans la nation il faut la nation armée.»

Rosalie reprit , sans répondre directement à l'interpellation du vieillard : « Pouvais-je le laisser partir sans lui ouvrir mon cœur ? Pouvais-je laisser se briser ainsi les liens charmants qui unissaient nos âmes sans lui jurer un éternel amour? L'année suivante, il vint en congé, et la joie la plus pure régnait dans notre maison. Quelques jours après son arrivée, il fut reçu dans la société des Francs-Maçons. Dès ce mo-moment, tout se fit sombre en moi et autour de moi ; ma mère, qui est l'indulgence même, devint indifférente aux caresses d'Emile : quelque trame secrète agissait sur elle sans doute, pour qu'il s'opérât en elle un changement si complet. Elle ne forçait pas Emile à s'éloigner de la maison, il est vrai, mais elle laissait percer dans ses paroles et ses regards une répugnance invincible, si bien qu'Emile , blessé dans ses plus chères affections, dut s'éloigner... Et mon cœur se brisa ; et mon esprit s'égarait en mille conjectures. Ne comprenant pas ce mystère étrange, je résolus de saisir toutes les occasions pour en étudier les causes.

« Un jour, le père Abondio vint nous faire visite. A travers son air mystérieux et discret on voyait percer une joie intérieure, dont il savait pallier les élans secrets à force de dissimulation. Il est pour ma mère, vous le savez, un intermédiaire entre le ciel et son âme. Il y avait en cet homme un habileté profonde à tirer parti des passions et du caractère particulier des personnes qu'il semblait, par esprit de charité, aider de ses conseils. Tour à tour compatissant et sévère, il savait porter le trouble dans l'esprit, maîtriser et vaincre les cœurs après les avoir désespérés, et les dominer enfin par les démonstrations d'une clémence affectée. Un jour (c'était mal peut-être), j'écoutais furtivement leur conversation, et je pus démêler à travers le langage mystique et plein de réticences du père Abondio qu'il était mortel ennemi d'une société. Il la désignait en termes vagues; mais, malgré ses expressions voilées, il était facile de comprendre le sens de son discours.

« Ma présence le gênait, sans doute, car, après quelques instants, il interrompit brusquement la conversation. Il prit congé de ma mère, et en partant, il me grimaça de sa lèvre béate un salut doucereux.

« En même temps son œil, subtil et pénétrant, plongeait comme une lumière acérée dans les plus intimes replis de mon âme, dont il cherchait à deviner les secrets.

« Mille réflexions se sont présentées alors à mon esprit; mais celle de la société de Francs-Maçons les domina toutes. Sans doute, me suis-je dit, ses bienfaits portent ombrage à la compagnie dont le père Abondio est un des chefs les plus zélés. »

La justesse de cette observation vigoureuse produisit une forte impression sur l'esprit du vieillard. Ses yeux pétillèrent d'une vive flamme : on eût dit qu'un éclair de jeunesse les ranimait. Le souvenir est si puissant !

« Quoi donc! s'écria-t-il, on prétendrait exclure les Francs-Maçons de la société, sous le prétexte mensonger que leurs rites mystérieux sont un danger pour elle? Mais l'ignorance ou la calomnie peuvent seules accréditer de semblables erreurs, car il n'est pas un de leurs symboles qui ne soit le signe des attributs qui élèvent l'homme en dignité par la méditation collective des vérités les plus sublimes et la pratique austère des plus pures vertus. La première est l'amour de nos semblables, amour qui, loin d'avoir pour mobile un intérêt sceptique et calculateur, repose sur le dévoucment; aussi les Francs-Maçons sont-ils frères entre eux, et de la pratique de leur doctrine résulte une réciprocité de sentiments et de bienfaits qui, d'une extrémité à l'autre de l'univers, en fait une famille unique, animée partout du même esprit. Le cercle même de leur action franchit les limites de cette vaste famille. Elle s'étend sur tout ce qui a nom d'homme. Partout où l'infortune gémit sous le poids des revers ou de la misère, le Franc-Maçon sait qu'elle a droit à son assistance. Aussi, combien de fois une main inconnue vient-elle fermer des plaies qui, sans elle, resteraient ouvertes ! Le vrai Franc-Maçon fait le bien sans vaine jactance et sans acception de personnes. On est malheureux, il suffit : il paye sa dette à l'humanité.

« Il faut ajouter que l'homme ne réclame pas seulement la nourriture du corps, il lui faut aussi l'aliment de l'intelligence et du cœur. Les Francs-Maçons peuvent se glorifier d'être les premiers champions dans l'arène où le combat de la vie fait sentir à l'homme l'absolue nécessité d'agrandir le domaine de ses connaissances et de trouver un appui moral pour mieux soutenir la lutte.

« Ils professent une tolérance pleine de réserve et de ménagement, et se montrent accessibles à quiconque les sollicite, quel que soit son dogme. Ils savent que le domaine des croyances est infini, comme la source d'où elles découlent : les manifestations diffèrent, le but est le même. Au jour où la lumière se fera pour tous s'opérera l'unité des dogmes, sans froissement et sans combats. Le négateur de toute cause première est le seul homme qu'il leur répugne d'admettre parmi eux, car leur doctrine est tout ensemble une religion et une philosophie. Guidés par une lumière supérieure, ils combattent les préjugés par la raison, et s'efforcent d'extirper du sein de la société humaine les superstitions qui abrutissent l'intelligence, et le fanatisme, source d'horribles luttes au sein des nations, plaie vive qui toujours menace de se rouvrir, arrêtant sans cesse le progrès des lumières, et opposant une barrière aux tentatives de l'expérience.

« Rome peut avoir édicté des peines contre eux, et leur réserver des châtiments faits pour les criminels seuls ; mais la loi destinée à les frapper est inique, et les juges appelés à l'appliquer sont incompétents. En agissant ainsi, Rome couvre des intérêts mondains et matériels du voile spécieux de l'intérêt religieux, si bien qu'on serait autorisé à se demander si elle est encore chrétienne, lorsqu'on la voit poursuivre de ses rigueurs des hommes dont le drapeau est celui de la fraternité et dont la doctrine est le phare du progrès universel.

« Qu'on ose dire après cela qu'une telle société n'a pas, sous les dehors les plus simples, un caractère de solennelle grandeur. On ne pourrait le prétendre sans violer la vérité et insulter l'humanité.

— La vérité, dit Rosalie, est comme le soleil : parfois elle est couverte d'un voile, mais à la fin ce voile se déchire, et la vérité apparaît dans toute sa splendeur. Un jour viendra que ces hommes seront justifiés.

— Sans doute, reprit le grand-père, ta mère aura pris ce prétexte pour ne pas blesser l'amour-propre d'Emile, car nous l'aimons tous. Jamais, au reste, Gertrude ne m'a ouvert la bouche ni sur votre amour ni sur la répugnance que lui inspire cette société.

« Il est plus juste cependant de penser que ta mère a eu de fâcheux pressentiments sur l'avenir qui vous attendait; elle a voulu t'en épargner, ainsi qu'à Emile, les tristes désillusions. Elle connaît la position d'Emile, et elle s'en effraye à bon droit, car il est sans fortune, et avec son caractère on n'est pas bien en état de quitter l'ornière où de pénibles circonstances l'ont jeté. Il est doux, aimable, candide et affectueux, sans doute, mais vif, léger et insouciant. Il a quitté la carrière de la sculpture, où il obtenait des succès, pour embrasser celle de compositeur, où il ne trouvera, je le crains bien, qu'amères déceptions. Sans biens, sans toit, sans famille, il ne s'adresse pas à un travail par lequel il puisse conquérir une position solide. Au lieu de tout cela, il ne rêve que mélodie, parfums éthérés, indépendance..., et les plus souriantes images entraînent son imagination exaltée jusqu'aux plus hautes régions de l'enthousiasme et de la poésie. Quand on est libre et seul, cela peut suffire, et tout souci de l'avenir se perd dans les illusions et les chimères de la jeunesse. Mais il faut à l'homme un but marqué, car nous voyons tous les jours les fortunes les plus stables en apparence disparaître comme une étoile qui file après avoir brillé d'un éclat passager. Une profession met l'homme à l'abri de ces périls et de ces mécomptes... Elle porte avec elle ses ressources et ses consolations. »

Rosalie écoutait le vieillard, la tête penchée sur sa poitrine, semblable à une fleur altérée par une chaleur ardente qui attend quelques gouttes d'une bienfaisante rosée. Elle attendait, elle aussi, des paroles moins désolantes, afin d'y puiser quelque courage. Déçue en son espoir, elle protestait dans son âme contre les réalités suggérées à son grand-père par l'expérience, et se murmurait tout bas : « Que fait plus ou moins de fortune? La plus belle est une âme pure, un ami, un compagnon de destinée sur cette terre, et non pas un maître. Oh! quel que soit le lieu qu'on habite et la position qu'on occupe, on est heureux où l'on s'aime!... »

Le vieux cultivateur était loin de pénétrer les secrètes pensées de sa petite-fille. Les aurait-il devinées, qu'il eût feint de les ignorer, dans la crainte d'augmenter les douleurs de cette âme à la fois virginale et naïve.

Il avait cependant remarqué l'émotion de Rosalie ; il continua , du même ton, comme s'il n'eût rien aperçu :

« En pareil cas , chère Rosalie, le devoir d'une mère, le plus saint de tous, est, tu le comprends bien , de prévenir sa fille, et de ne pas attendre qu'elle suive en aveugle une pente fatale qui mène droit à l'abîme. Ta mère voit le précipice où tu cours fatalement, et c'est son droit , je dis plus, son devoir, d'éclairer ta raison et de prémunir ton cœur contre les chances fatales d'une résolution irréfléchie : l'union de deux êtres est un acte sérieux , irrévocable ; d'elle dépend une destinée tout entière.

— Que serions-nous l'un sans l'autre ? Deux pauvres gouttes d'eau perdues sur le sable , reprit la jeune fille avec cet accent de cajolerie féminine qui prête à la supplication tant de charmes. Ah ! dit-elle en soupirant, je penserai toujours à lui, car son souvenir se lie à celui de mon père : oublier l'un , ce serait oublier l'autre.

— Enfant ! réplique le vieillard avec un doux sourire, c'est précisément parce que je vous aime tous les deux que je combats vos sentiments l'un pour l'autre. »

Un mot vint alors aux lèvres de Rosalie, mais elle baissa les yeux en silence. Puis elle reprit : « Si du moins le malheur me frappait seule, je le supporterais ; mais lui ! mon père , lui si digne de votre amitié , comme il l'est de mon amour, quel crime a-t-il commis pour être ainsi abandonné , rejeté, je ne dis pas par moi, mais par vous ; lui dont l'âme est si belle, si dévouée, si dégagée de tout calcul mesquin ? N'allez pas croire cependant, mon père , que ce dévouement, cet enthousiasme qui l'entraîne vers tout ce qui est beau, grand et généreux, fasse oublier à Emile les réalités de la vie. La raison chez lui est à la hauteur du sentiment. Lorsqu'on aime comme lui, ces deux mobiles, au lieu de s'exclure , contribuent à faire l'homme complet. Il aime et mérite d'être aimé. Ainsi nos destinées sont à jamais unies : on ne peut briser l'une sans briser l'autre. »

Jamais l'homme n'a entendu l'expression vive d'un véritable amour sans en être ému. Octave le fut aussi, et il se disait tout bas : « Ah ! je crains bien que ma rude sincérité ne puisse être d'aucun secours à ces deux enfants, qui me sont si chers ! » Il commençait, en effet , à comprendre qu'il s'était trompé dans ses appréciations sur Rosalie ; que dans cette âme, qu'il avait crue légère et frivole, il s'était trouvé un fonds où l'amour avait poussé d'impérissables racines ; que sous cette enveloppe délicate il y avait une nature ardente. Il en eut compassion.

Le vieillard sentit que l'émotion le gagnait : il crut prudent de lui résister. Il se leva, secouant brusquement son bonnet de coton blanc qu'il remit sur sa tête, comme pour se donner une contenance, car il faisait un effort sur lui-même pour avoir un air d'indifférence extérieure. Pourtant, son regard doux et affectueux semblait dire à la jeune fille : « Espère! »

Rosalie pendant ce temps était restée dans une attitude méditative. Enfin, relevant sa tête, elle dit d'une voix sourde et lente : « Il a eu les premiers battements de mon cœur, il en aura les derniers. » Alors, voyant son grand-père disposé à faire sa promenade accoutumée, elle changea de ton, sa voix prit un accent mélodieux et caressant. « Voici mon bras! » lui dit-elle avec une sourire ineffable...; et ils s'acheminèrent tous deux en silence le long des plates-bandes émaillées d'œillets et de marguerites.

CHAPITRE IV.

Au delà du pont un petit village est adossé à la montagne : c'est Sassenage, amphithéâtre d'habitations superposées, semblables à ces hameaux perchés sur les versants du Caucase, sentinelles vigilantes qui, de loin voyant arriver les envahissseurs, sont toujours prêtes à crier : « Qui vive? » Mais ici, la nature est moins âpre ; les groupes d'arbres y forment contraste avec les rochers ; la verdure y est pleine de séve, et l'homme, en gravissant ces pentes délicieuses, y respire les aromes suaves des plantes et des fleurs toujours épanouies, comme en un printemps éternel, en même temps que ses yeux jouissent du panorama le plus attrayant.

Au-dessus du village s'ouvre une vaste grotte. Le temps semble l'avoir taillée dans le rocher comme une de ces cavités du Pausilippe ou d'Herculanum que le volcan a laissées ouvertes dans les entrailles de la terre.

Il est difficile de s'approcher de cet immense souterrain sans que le cœur éprouve un saisissement ; d'autant plus que de funestes histoires se dressent devant vous toutes palpitantes d'émotion, tantôt naïves, parfois terribles, accidentées comme le terrain que l'on doit parcourir. Impossible d'y pénétrer sans être armé de torches et escorté par un guide, qui bien souvent les éteint pour exploiter vos terreurs et les rançonner.

Alors, si on est impressionnable, commence, au milieu de cette horrible obscurité, une scène pareille à celle qui nous est décrite dans l'immortel chef-d'œuvre des *Souterrains de Rome*, ce tableau plein d'angoisses, de cris de terreur et d'imprécations, où nous sommes tentés de chercher, avec l'auteur, le fil conducteur qui doit ramener le voyageur au jour et à la vie.

Après avoir traversé une pelouse, on pénètre dans un sentier qui conduit droit à la grotte.

Deux jeunes gens y allaient entrer au moment où le soleil commençait à se montrer dans toute sa majesté, dorant le sommet des montagnes avec ses mille rayons de feu.

Un de nos deux personnages avait l'air triste et abattu; sa pâleur et son humble contenance contrastaient avec l'habit militaire dont il était revêtu. Il courbait la tête comme si la fatalité l'eût frappé. Ses yeux, entourés d'une couche de bistre, annonçaient l'insomnie et la douleur. Sa démarche était inégale et pénible; il était haletant, et souvent il s'arrêtait comme pour ranimer le souffle presque éteint dans sa poitrine oppressée.

Son compagnon, au contraire, était de ces natures fortes et vigoureuses que l'on trouve souvent au pied des Alpes, pleines de vie et de sève, portant le front haut et laissant échapper de leurs yeux mobiles des étincelles de courage et de fierté, signes d'une volonté ardente et forte.

On devinait chez le premier une âme tendre, impressionnable, à demi vaincue par le choc des passions; chez l'autre, un caractère robuste comme son tempérament, qui savait les dompter et leur imposer silence. L'un se nommait Georges; l'autre, Émile.

Les quelques mots échangés entre eux au moment où ils arrivaient au terme de leur ascension pourront initier nos lecteurs au secret de leurs pensées les plus intimes.

Un instant Georges s'arrêta, embrassant d'un coup d'œil rapide le vaste panorama qui se déroule des hauteurs de Sassenage. Puis tournant vers son ami un regard de tendre pitié, et donnant à sa voix un accent plein de douceur : « Émile, lui dit-il, qu'est devenu ton courage d'homme, cette noble ardeur, ce prestige de vie qui te rendait naguère encore digne de figurer parmi nous dans nos jeux et dans nos fêtes, lorsque nous disputions à nos amis le prix de la course, à nos maîtresses un sourire?

— Hélas! dit Émile avec un accent profond, tout cela n'est plus. J'ai trop souffert, et le coup fatal est porté. Je l'aime, et elle m'aime malgré elle, bien qu'on lui ait défendu de m'aimer, comme si j'étais un de ces parias que la société réprouve, comme si les sentiments si purs que je lui vouais ne devaient être pour elle qu'un poison mortel.

— Enfant! dit Georges, enfant, relève-toi, car tu ne dois pas succomber ainsi au seuil de la vie, lorsque ton cœur et ton intelligence te commandent hautement de vivre et de lutter. Voudrais-tu, par exemple, nous causer à tous la douleur de te voir céder au désespoir et à l'affaissement parce qu'il aurait plu à une jeune fille de sacrifier ton repos, de briser ton avenir? Crois-moi, elle ne t'a jamais aimé. »

Émile recula d'un pas. Ce langage venait de froisser son cœur et d'en arrêter les naïfs épanchements. L'amour, pour lui, n'était pas une vaine frivolité : c'était un sentiment profond et sacré que le doute et le sarcasme ne pouvaient atteindre sans le profaner.

« Oh ! tu blasphèmes ! » répondit-il avec assez de force et de hauteur pour donner à sa voix un timbre étrange. « Tu n'as donc pas vu que la pauvre enfant n'est elle-même que le jouet des tristes conseils dont on l'entoure ; qu'un être fatal plane sur elle et la domine ; qu'elle cède aux volontés absolues de sa mère, qui a juré de mettre entre elle et moi une barrière infranchissable? Si elle n'aimait pas, les roses de son angélique figure ne se seraient pas changées en mortelle pâleur. L'aurore est moins belle lorsqu'elle se lève sur les montagnes éclatantes de blancheur, et qu'elle sème sur les gazons les perles du matin ; son front virginal est plus beau que celui de la déesse antique, et son cœur est un trésor des vertus et des sentiments les plus exquis. Tandis que je marche lentement vers la tombe, Rosalie se l'ouvre et se la creuse tous les jours par son morne désespoir. Vois-tu, le jour de mon initiation à la Maçonnerie a fermé devant moi la porte d'une maison qui me tenait lieu de tout depuis l'exil et la mort de mon père. Dom Abondio a tonné contre moi, et j'ai vu s'opérer en celle que j'appelais ma mère un changement si étrange que j'ai dû m'éloigner.

— Ah ! voilà le mystère que je ne pouvais démêler, dit Georges, passant d'un extrême à l'autre avec la réflexion d'une âme fraternelle ; je connais le père Abondio, cet ardent et infatigable successeur d'Ignace de Loyola, ce représentant fougueux de la compagnie de Jésus, qui a causé tant d'alarmes aux rois, et semé parmi les peuples le trouble et la division ; qui, toujours proscrite, se relève sans cesse, pousse des racines nouvelles partout où son pied se pose, et s'efforce de réédifier son monument de domination universelle !

« Sans combattre les idées du christianisme, on peut apprécier les doctrines particulières des hommes qui s'en disent les plus solides champions. Le père Abondio avec ses pareils le compromettent à force d'intolérance, au lieu de le faire prospérer. Prêchez-le doux, consolateur, progressif, miséricordieux, tel qu'il est dans l'Évangile, les cœurs s'en rapprocheront. Mais ce n'est pas ce qu'il faut aux enfants de Loyola : ils cherchent la domination par la négation des facultés humaines ; et une fois les maîtres, ils torturent le corps au nom de Dieu, comme ils torturent les âmes.

« Ne désespérons pas cependant : l'homme ne s'abdiquera pas devant les prétentions du fanatisme et de l'intolérance. Tôt ou tard, le Grand Architecte ouvre de son doigt tout-puissant la scène de l'avenir, et c'est là qu'il se montre dans toute sa gloire et dans toute sa splendeur. Alors toute erreur disparaît ; le flambeau du fanatisme s'éteint à ses pieds, et à son souffle divin tout s'anime et se vivifie. C'est par lui que les nuits de désespoir font place à la rafraîchissante rosée de l'espérance ; c'est par lui que la foi nous éclaire et nous enveloppe de ses rayons, et que nous pouvons, sous la chaude haleine des éternels parfums dont il est entouré, vivre en lui comme des fleurs qui s'épanouissent, nous élancer vers l'infini, tout entreprendre et tout vaincre, parce que nous croyons. »

Emile écouta ces paroles presque bibliques avec un sentiment de joie qui fit battre vivement son cœur. Il tend la main vers Georges, qui la presse avec une énergie enthousiaste. Ils veulent se parler, mais la parole expire sur leurs lèvres. On entendait en ce moment ce sublime concert du bruissement des feuilles, du gazouillement des oiseaux, des murmures de la Tomanche, qui sillonne le terrain en serpentant et bondit en cascades sonores. Puis, comme l'heure avançait, on voyait descendre du pic de la montagne des jeunes filles avec leurs troupeaux, des ouvriers avec leurs serpes et leurs hoyaux, tout joyeux et souriants, et mêlant par-ci par-là leurs voix fraîches et bruyantes comme pour chanter sur le luth de Mélibée les trésors de cette vallée si poétique et si féconde.

Il y eut alors entre nos deux amis un de ces suprêmes instants de silence où l'âme concentrée dit tant de choses à l'intelligence. Comment parler lorsque l'on admire ainsi ? On craindrait de ne plus entendre, et ce prisme de l'ouïe est si doux qu'il se confond dans l'océan d'une contemplation mystique.

Nos deux compagnons se trouvaient sur le seuil de la grotte, qui s'ouvre assez large, comme si elle voulait tromper par ses dehors ceux qui ont le courage d'y pénétrer.

La même pensée saisit Emile et Georges, celle d'y entrer, ne serait-ce que par un désir secret d'opposition ; car ils laissaient derrière eux le sentier de Sassenage, le soleil dans toute sa majesté, les chants et les cris bruyants des villageois, pour s'engouffrer et se perdre dans les ténèbres de cet abîme, où la vie se révèle à peine par la chute de quelques gouttes d'eau qui tombent de la voûte, régulières et monotones comme le sablier du cénobite.

Certes, pour ces deux natures qui avaient passé à travers d'autres épreuves le visage impassible, marchant au hasard, et bravant ce terrible baptême du feu et du sang, la torche résineuse des conducteurs de la grotte n'était pas nécessaire. Ce n'était pas de leur part une bravade, mais ce besoin inné de sensations nouvelles qui fait battre le cœur de l'homme à l'unisson du clavier de l'éventualité, cette terre magique et incomprise vers laquelle son imagination l'entraîne comme malgré lui.

A peine avaient-ils franchi le péristyle de la grotte (que le lecteur nous passe l'expression, grâce à la nature bizarre qui taille des palais dans les rochers et des catacombes sous les palais), nos deux personnages se trouvèrent dans une voie plus étroite, rocailleuse et glissante, où il fallait s'arrêter pour interroger de la main, sur la droite, pour ne pas glisser dans les excavations qui se trouvaient vers la gauche, tantôt profondes, parfois hérissées de ces larges écailles en lame de rasoir imitant les meurtrières des anciennes tours féodales.

Emile gardait le silence, comme ces ombres que l'on rencontre dans la spirale de l'Enfer du Dante, tourmentées et flétries par l'amour.

Georges, au contraire, chantonnait une vieille ballade dauphinoise que l'écho, ce grand orgue de la nature, répétait avec de sombres nuances.

A mesure qu'ils s'avançaient sous cette voûte naturelle, la clarté devenait plus douteuse, et, peu à peu, à cause de sinuosités qu'ils suivaient en tâtonnant, ils se trouvèrent enveloppés d'une atmosphère nébuleuse profonde, qui les empêchait de distinguer les objets les plus voisins. Aussi Emile, plus absorbé et moins précautionné que son ami, se heurta, au bout de quelques pas, contre une roche faisant saillie à une des parois de la grotte. Le choc fut si violent, que malgré lui il s'arrêta, tout en s'écriant d'un ton plein d'amertume : « Voilà bien l'image du parcours de la vie humaine, avec ses obstacles et ses sombres obscurités.

— Oui, répond Georges ; mais l'homme n'en doit pas moins s'efforcer d'en triompher par la réflexion et la patience. On va moins vite, il est vrai, mais on arrive cependant. »

Ils marchaient toujours au hasard pour arriver au milieu de la grotte, où par un caprice incompréhensible l'air s'infiltrait, et le jour paraissait terne comme dans un autre Tartare, laissant les deux côtés perdus dans les ténèbres.

Tout à coup, Emile prie son ami de faire silence. Il lui avait semblé entendre une voix sourde accompagnée de gémissements entrecoupés sortir du gouffre qui était à leurs pieds. En effet, quelque chose de triste montait de ses profondeurs, sans qu'il fût possible de bien distinguer et de pouvoir saisir l'objet qui occupait leur attention.

Aussitôt Georges tira de sa poche quelques allumettes phosphoriques, et il essaya d'en faire jaillir la lumière en les frottant contre la paroi de la caverne ; mais l'humidité s'opposant à son désir, il fut contraint de les passer et repasser sur la manche de son habit. Alors la lumière parut, et aussitôt une voix sortit du fond du précipice, faible, mais assez distincte pour arriver jusqu'à eux. Plus de doute, un voyageur s'était égaré et avait roulé dans l'abîme. Impossible de décrire les pensées qui saisirent nos deux compagnons, lorsque Georges, se redressant tout à coup comme frappé d'une idée lumineuse, s'écria : « Je m'en souviens ! on appelle l'endroit où nous nous trouvons *le Pas du Diable*. Un voyageur égaré ou imprudent n'a pas su le franchir, et il est de notre devoir de lui porter secours... Je connais le petit sentier escarpé qui conduit vers l'abîme. Les abords en sont difficiles ; mais ne doit-on pas tenter quelque effort quand il s'agit de la vie d'un homme ? Tu resteras, Emile, à cette même place, et tu allumeras de moments en moments une allumette ; pendant ce temps, j'opérerai ma descente, et j'ai le pressentiment que je parviendrai à sauver cet infortuné. »

Sans attendre aucune réponse, Georges se mit à descendre par une espèce de sentier tortueux, semé d'aspérités, où, à chaque pas, il était menacé de partager le sort de l'homme qu'il prétendait sauver ; car la pente était des plus rudes, et il courait le risque d'aller se briser contre les saillies de la roche. Mais le dévouement décuplait ses forces et sa vigueur. On dirait qu'en ces moments solennels où le cœur méprise le danger les sens physiques de l'homme augmentent d'énergie pour le surmonter : l'œil est plus perçant, la main plus forte, le pied plus sûr.

En quelques instants, il se trouva auprès d'un jeune homme qui gisait presque inanimé à ses pieds. Fort et courageux, il le souleva dans ses bras, dont les muscles tendus décelaient une de ces constitutions de montagnards que l'on trouve dans quelques esquisses de Rubens. Il le plaça sur ses épaules, et, les phosphores aidant, il parvint, après bien des efforts, auprès de son ami, heureux et fier de son exploit et de son audace.

Pendant ce temps, Emile avait été en proie à des angoisses mortelles. Mais quand il vit son ami arrivé au terme de son entreprise hasardeuse, un cri de joie s'exhala de sa poitrine haletante. Il serra la main de Georges d'une étreinte convulsive, et, ivre d'enthousiasme, il s'écria : « Georges, tu es plus grand que moi ! tu es le plus noble et le plus hardi de nos compagnons. Je suis heureux et fier de ton amitié.

« — Bah ! il ne s'agit ici ni de compliments ni de termes enthousiastes pour une chose si naturelle. Un devoir d'humanité accompli ne sera jamais qu'un devoir. Passe devant moi, tiens-toi bien ferme le long du mur, je te suivrai sans trébucher avec mon précieux fardeau. »

Alors ils s'acheminèrent vers la sortie de la grotte, lentement et avec plus de précaution qu'ils n'avaient fait pour y pénétrer.

L'air commençait à se faire sentir plus libre, et la respiration du blessé, que Georges n'avait pas abandonné un seul instant, devenait moins lourde. Il semblait revenir à la vie lorsqu'on arriva à l'entrée de la grotte.

Aucune blessure apparente ne se montrait sur l'inconnu. A peine l'eût-on déposé sur la pelouse, qu'il ouvrit les yeux et murmura quelques mots presque intelligibles : c'était sans doute une prière qui s'échappait de son cœur pour monter vers Dieu.

Nos deux amis se hâtèrent de lui prodiguer des soins. N'osant encore lui adresser des paroles qui auraient pu lui causer une émotion trop vive, ils l'interrogeaient du regard. C'était un jeune homme avec une de ces charmantes figures telles que Lamartine a peint celle de Jocelyn. Nos deux compagnons le reconnurent bientôt pour un des Ministres protestants de l'Église réformée de Grenoble.

Emile s'empressa de descendre vers l'habitation la plus voisine pour obtenir un prompt secours. Il revint avec un cordial et l'appliqua sur les lèvres du patient, qui reprit ses sens, mais ne pouvait encore témoigner sa reconnaissance à ses libérateurs que par des gestes et des regards pleins de douceur et de tendresse.

Ce fut dès lors entre ces hommes un trinité amicale, une douce expansion : car les natures fortes et nobles se comprennent vite, et leur intuition est sublime.

Inutile de peindre en ses détails une pareille scène. Le lecteur la devine tout entière avec ses émotions.

Le Ministre, après avoir repris des forces, ne put que saluer les deux amis et leur presser les mains avec effusion. On eût dit que les expressions manquaient à sa gratitude. Pas un mot ne fut échangé : le service qui avait été rendu au jeune Pasteur était de ceux qui impriment sur le cœur un souvenir ineffaçable, et y laissent gravé à jamais ce seul mot : Reconnaissance !

Entre les âmes d'élite, il y a un fluide électrique qui se communique vite au cœur. Le Ministre de l'Église réformée se releva, essuya son front, et, après avoir aspiré l'arome pénétrant du cordial, il se sentit disposé à prendre avec ses deux compagnons la route de Grenoble.

Frappé de la pâleur d'Emile, il se sentit poussé, comme par un attrait irrésistible, à sonder ses plaies morales, avec cette charité évangélique qui devine les souffrances d'un blessé, s'incline vers lui et lui fait espérer une prompte guérison.

En pareille occasion, les épanchements sont aussi rapides que sincères. Emile ouvrit son cœur au jeune pasteur, et celui-ci, avec le baume de ses paroles et les pénétrantes étincelles de son esprit, releva le moral du jeune homme. En l'entendant, Emile commença à se trouver moins malheureux. Il se sentait renaître à l'espérance.

Le Ministre alors rappelait à ses souvenirs les défiances de Rome, son orgueil, son esprit inquisitorial, son manque de charité, et évoquant l'histoire dont les récits mettent à jour, par des faits palpitants, les secrets les plus voilés de sa politique nébuleuse, il condamnait ses bulles fougueuses contre la Maçonnerie, à qui Salomon, son fondateur glorieux, a élevé un temple magnifique.

Il parlait en homme initié de cette merveille antique, de son autel pour les parfums, de la table d'or sur laquelle on mettait les pains de la fraternité, des chandeliers placés à droite et à gauche, des couteaux, des bassins, des grands vases d'airain servant à l'aspersion des portes et à la purification symbolique des hommes, chefs-d'œuvre où l'or le plus pur s'alliait aux métaux les plus précieux. Puis il ajoutait que l'airain marque la solidité de la vertu, que le sapin et le cèdre sont le symbole de l'élévation qu'elle donne et de l'immortalité qui en est la récompense.

« Ces symboles, ces souvenirs des rites antiques, s'écria-t-il, font bien pâlir le prestige de Rome ! »

Sa conversation ne tarit pas jusqu'au moment où nos voyageurs arrivèrent à Grenoble. On touchait déjà au crépuscule ; les dernières lueurs du soleil s'effaçaient derrière la cime des montagnes ; les pêcheurs de l'Isère amarraient leurs barques ; les jeunes filles, assises devant leurs métiers, en polissaient et affilaient les dents aiguës, et les lions grenoblois désertaient le jardin de la Préfecture.

Alors les trois acteurs de cette scène se séparèrent, se promettant bien de se revoir à l'avenir. Le Ministre renouvela, en quittant ses nouveaux amis, ses vives protestations de reconnaissance. De leur côté, Emile et Georges s'arrachèrent à ses éloges enthousiastes : car si la bienfaisance est une loi de conscience pour les Frères Maçons, la modestie est une de leurs vertus les plus précieuses.

Les émotions de cet adieu avaient produit une certaine diversion dans l'âme d'Emile. On eût dit qu'elles avaient fait comme un trêve avec les inquiétudes passées. Mais bientôt d'amères pensées vinrent l'envahir, et il devint soucieux et rêveur.

Georges épiait avec le plus tendre intérêt les sensations diverses qui agitaient ce cœur impressionnable. En voyant un nuage de tristesse passer encore sur le front de son ami, il se disait tout bas : « Comme les passions comprimées ont des retours énergiques et puissants ! Ah ! que ces deux êtres doivent s'aimer ! De quelles joies, de quelle félicité pourrait les combler une voix amie qui viendrait briser les entraves qui les séparent ! Pour eux, en effet, une plus longue séparation, c'est la mort. Quelle sera leur destinée si leur amour ne les protége? Ah ! quand tout semble conjurer leur perte, que je leur reste du moins pour les sauver... Et je les sauverai. »

Alors, jetant sur son ami un regard plein d'assurance où se peignaient ses émotions intérieures, il lui tendit la main. Emile la saisit d'une étreinte convulsive, comme pour y puisser le courage et la fermeté qui brillaient dans ses regards : « Ami, lui dit-il, il faut que je te quitte; je dois aller où mon devoir m'appelle. En attendant l'heure où je pourrai te revoir, je n'ai qu'une parole à te dire, c'est que tu ne dois pas renoncer à tes espérances. Elles sont sacrées comme le sentiment qui en est le mobile. Tu es digne de leur triomphe, et tu triompheras. »

A ces mots, Georges se sépara brusquement de son compagnon, et se dirigea d'un pas rapide vers l'hôtel du commandant de la place de Grenoble.

Emile, de son côté, gagna lentement sa demeure, où, loin de tout témoin, il repassait en son esprit et dans un morne silence tous les événements de la journée. Longtemps il fut absorbé dans ses méditations, ne pouvant modérer le choc des impressions qui l'assaillaient en foule. « Ah ! s'écria-t-il enfin en poussant un profond soupir, je le vois bien, le bonheur n'est pas fait pour moi ! »

C'est ainsi que son âme, atteinte d'une passion vigoureuse, ineffaçable, cédait, malgré les paroles amies qu'il avait naguère entendues, à des émotions dont l'atteinte l'avait tant de fois éprouvé. Enfin pourtant, faisant comme un effort sur lui-même, il parvint à les maîtriser, et sembla chercher un refuge dans cet art où la douleur trouve si souvent son baume consolateur. D'un mouvement fébrile, il s'élance vers son piano. Ses doigts frémissants parcourent les touches avec une justesse inouïe, et dans son improvisation, tantôt rapide comme la passion, tantôt mélodieuse et suave comme ses rêves d'espoir, tantôt lente et grave comme ses déceptions, les plus amères de toutes, il parcourait tout un monde de sensations qui étaient sa propre histoire ; poëme ineffable dont toutes les phases se déroulaient en notes vibrantes, qu'un auditoire n'aurait pu entendre sans en subir la puissance souveraine.

Au milieu de son enthousiasme musical, le virtuose s'arrêta tout à coup. Ses regards venaient de tomber sur le portrait de son père, qui était accroché au-dessus du piano. En ce moment d'exaltation qui rendait l'hallucination naturelle, il lui sembla que ses traits bien aimés revenaient à l'existence ; que l'amitié paternelle y rayonnait plus puissante que jamais ; que le sentiment qu'il avait pour la Franc-Maçonnerie, quand il s'était fait peindre avec les insignes de cet ordre illustre, y respirait plus intact, plus énergique, lui rappelant combien on est redevable à cette belle institution qui, bien souvent à notre insu, nous révèle un ami, un frère, qui nous enveloppe de ses généreuses sympathies. Alors il se rappelle ces derniers instants si douloureux où il l'avait vu partant pour l'exil, ses adieux si déchirants, le vœu qu'il avait exprimé de voir son fils entrer dans la grande famille humanitaire pour lui vouer son âme, et tous ces souvenirs lui rendaient plus palpitantes encore les bontés dont son père n'avait cessé de le combler. Toutes ces pensées qui venaient en foule assaillir son esprit le débordèrent et firent explosion : « O mon père ! ô mon père ! s'écria-t-il enfin, que ton fils est malheureux ! »

Ce cri d'angoisse avait un témoin secret et inattendu : Georges était là derrière la porte. Inquiet sur le sort de son ami, il était accouru, et la belle improvisation d'Emile l'avait tenu longtemps sous le charme des plus vives sensations. Mais à ce cri où se peignaient les déchirements d'une belle âme, il ne peut contenir les élans de son cœur. Poussant brusquement la porte, il s'élance vers Emile, se jette dans ses bras et le presse longtemps avec la plus tendre effusion.

« O mon cher Emile, s'écria-t-il enfin, mon frère, je ne pourrai donc obtenir jamais ton amitié ! Quoi ! tu souffres et tu me caches tes maux ! Au nom du Ciel, je t'en supplie, crois à la parole d'un ami qui sait apprécier ton âme. Pas de désespoir, quand l'amitié te convie à espérer, quand tu trouves dans la Franc-Maçonnerie un levier puissant capable de relever sans cesse ton cœur abattu. Laisse ses ennemis prêcher en vain que ses doctrines sont contraires au bien-être de la société. Justifieras-tu, par le spectacle d'une infortune que tu ne sais dompter, les griefs qu'ils nous imputent, les uns par fanatisme aveugle, les autres par intérêt ? En vain leur dirais-tu que la Maçonnerie est constituée pour le progrès de la grande famille humaine, pour le bien-être physique et moral de chacun de ses membres, si par ton propre exemple tu donnais un démenti formel à de pareilles assertions. Quoi ! donneras-tu gain de cause à ces fauteurs de l'obscurantisme, qui s'efforcent d'étouffer dans le cœur des citoyens ces sentiments de fraternité et de solidarité dont chacun de tes frères Maçons cherche à répandre la semence dans l'Univers ?

— Jamais ! reprit Emile avec un geste où se peignaient une résolution énergique et un solennel dédain. D'ailleurs, quand même je ferais défaut à cette cause sublime, leurs efforts ne serviraient qu'à faire paraître au grand jour la belle concorde qui règne entre les peuples civilisés. Les trônes s'écroulent, les épées se rouillent ou se brisent, les fausses doctrines s'acheminent vers l'éternel oubli ; l'œuvre de la civilisation, au contraire, pareille à un arbre qui sans cesse pousse de nouveaux bourgeons, se couvre de nouvelles fleurs, promesse et espérance des doux fruits de l'automme, cette œuvre refleurit sans cesse, et, malgré de passagères éclipses, elle apparaît sur l'horizon toujours plus belle et plus radieuse.

— Ah ! tu me rends la vie, s'écria tout à coup Georges, pénétré d'enthousiasme. Ami ! je te retrouve avec l'inaltérable générosité de ton âme et les pulsations vibrantes de ce cœur tout dévoué au bien. Viens !

— Je te suis, » dit Emile.

A ces mots, les deux frères sortirent. En ce moment, le disque blanchâtre de la lune apparaissait à moitié sur les hauteurs qui environnent Grenoble. On eût dit que l'astre bienfaisant de la nuit, mariant sa douce lumière aux harmonies de la nature, se plaisait à éclairer la marche des deux amis.

CHAPITRE V.

LE DÉVOUEMENT RÉCOMPENSÉ ET COURONNÉ PAR L'AMOUR.

La nuit commençait à peine à étendre ses voiles sur l'horizon quand le frère de Rosalie, Adolphe, vint à grands pas et d'un air triomphant par l'allée du jardin qui menait à l'habitation. C'était un jeune étourdi, à l'œil vif, à la démarche pétulante, au regard évaporé, assez en rapport avec sa figure gracieuse et mutine, ses longs cheveux blonds et sa taille aux formes indécises, caractère spécial de l'adolescence.

Le grand-père était alors au seuil de la porte, respirant l'air frais et les senteurs aromatiques du soir. Rosalie était à ses côtés. Adolphe accourt vers eux, répétant à plusieurs reprise et avec emphase :

« Bonne nouvelle !

— Qu'est-ce donc ? lui dit le vieillard.

— Du nouveau, reprit Adolphe, et qui vous surprendra bien agréablement. Le *Courrier de l'Isère* vous mettra au fait. Ce soir j'ai vu un de ses rédacteurs, il m'a raconté dans ses détails une aventure qui vous intéressera bien vivement.

— Mais de quelle aventure me parles-tu ?

— *Le Courrier*, reprit le jeune homme, vous l'apprendra bien mieux que je ne pourrais le faire. J'ai vu la première épreuve de cette nouvelle. Le rédacteur y raconte qu'Emile et son ami Georges ont affronté la mort pour sauver la vie du Pasteur protestant.

— Comment cela ?

— Le Ministre protestant avait fait une chute au *Pas du Diable*, vous savez, ce précipice de la grotte de Sassenage... Eh bien ! Georges et Emile, à force de sang-froid, de courage et de dévouement, l'en ont retiré. »

Le grand-père, relevant sa tête et frappant à plusieurs reprises sur l'épaule d'Adolphe, fit éclater sa joie.

Rosalie, de son côté, profondément émue, pousse un petit cri de surprise aussitôt contenu. Mais elle fut assez maîtresse de son émotion ; son sang reflua du cœur à son visage. On eût dit qu'en ce moment le nom d'Émile, en frappant son oreille, lui rappelait les causeries d'amour et les rêves d'espérance dont leurs deux âmes s'étaient bercées.

« Adolphe, dit le vieillard, tâche de te procurer un des premiers numéros du journal. Je ne doute nullement du courage de ces braves jeunes hommes; mais ce sera un bonheur pour moi d'être un des premiers à lire le récit de leur bonne action. Et toi, Rosalie, rentre, je te prie, et hâte-toi de dresser une liste de convives que nous réunirons en famille pour nous réjouir tous à cette occasion. Je veux que le fils de mon meilleur ami, et Georges, son compagnon, soient fêtés comme ils le méritent. N'oublie pas surtout le père Abondio : ce sera une bonne circonstance pour lui faire connaître dans leur véritable caractère les hommes qu'il déteste. »

A ces mots, Rosalie rentra, et le vieillard se dirigea par l'allée du jardin, bras dessus bras dessous avec le jeune homme, qui le quitta au seuil de la porte afin de remplir sa commission.

Le lendemain, Rosalie, à son réveil, salua avec bonheur les premiers rayons du soleil : son âme était inondée de la joie la plus pure. Elle se leva promptement et se hâta de passer dans la chambre de sa mère, veillant autour d'elle, avec l'attention la plus tendre, à ces petits soins d'intérieur qu'une femme trouve chers, malgré leur monotonie. Mais là, cependant, elle reprit sa physionomie rêveuse et mélancolique : on eût dit qu'elle redoutait de laisser éclater une joie qui pouvait offusquer sa mère.

Gertrude savait déjà tout. Tant d'attentions, une si pudique réserve, la touchèrent jusqu'au fond de l'âme. Elle ne put retenir ses larmes, et, presque honteuse de ses défiances, elle fit un généreux retour sur elle-même et résolut de prévenir les désirs de son enfant.

« Vous pleurez, ma mère! lui dit Rosalie avec tendresse. Vous pleurez ! Et pourquoi donc pleurer ainsi ?

— Oui, je pleure, mon enfant, et je ne puis m'en empêcher.

— Oh! dites-moi le sujet de ces larmes, et ne craignez pas de les répandre devant moi : ne suis-je pas là pour les essuyer?

— Va, tu peux les essuyer, reprit Gertrude, car ce n'est pas toi qui en es la cause.

— Oh! Dieu en soit loué! dit la jeune fille avec exaltation. Si j'en étais la cause, je ne pourrais m'en consoler. C'est que les larmes qu'on fait répandre à ceux qu'on aime doivent tomber sur notre cœur plus amères que celles que nous versons nous-mêmes.

— Chère enfant! toujours dévouée, toujours sensible et généreuse ! »
Et Gertrude, cédant à l'émotion qui la gagnait, et confondue par les

souvenirs de son injustice, leva sur sa fille un de ces regards adorables où l'amour maternel épanche ses effusions les plus intimes. Puis, elle tendit une main tremblante à Rosalie.

Alors la jeune fille éclate en doux sanglots, dévore de baisers cette main chérie, et penche sa jolie tête sur le sein de sa mère, où elle dépose, avec un tendre sourire, le secret de son amour, heureuse de n'avoir plus à le concentrer dans son cœur.

En ce moment Rosalie, comme dégagée d'un grand poids, reprenait sa sérénité. Cet amour, longtemps comprimé dans le fond de son cœur, s'échappait en mille expressions divines et radieuses sur toute sa physionomie. Sa beauté naturelle s'augmentait encore de toutes les douces effusions qu'elle venait de puiser sur le sein de sa mère, et de toutes les espérances que fait jaillir l'attente d'un bonheur si longtemps entravé.

Pendant que Gertrude la contemplait en silence, la jeune fille s'approcha de la glace et se mit à rafraîchir et à lustrer les nattes de sa belle chevelure ; puis elle en rattacha les tresses avec art, et, prenant dans le bouquet offert la veille par Gustave la plus belle marguerite, elle l'entrelaça parmi ses cheveux, moins par sentiment de coquetterie sans doute que pour adopter l'emblème de ses pensées : la marguerite est la fleur adoptive des amants. Puis elle mit sa robe blanche de jaconas, et resserra sa taille souple par un ruban rose dont les bouts, jaillissant d'une boucle en acier poli, flottaient sur les plis de la robe comme des papillons qui se jouent parmi des fleurs.

Il y avait tant d'harmonie dans cette toilette simple, unie à la fraîcheur de l'âge, à la beauté radieuse de Rosalie, qu'on eût dit un de ces êtres célestes qui n'ont besoin de rien emprunter à la terre pour conquérir l'admiration des hommes.

La maison retentissait déjà de cris de joie qui pénétraient jusqu'à l'appartement de Mme Bernard, quand celle-ci, accompagnée de Rosalie, arriva à la porte de la grande salle contiguë au jardin. Les amis la remplissaient déjà, se confondant en félicitations auprès du chef de la famille. Emile et Georges étaient depuis un moment dans les bras du vieillard, qui les pressait de questions et attendait leurs réponses d'un air empressé : la vieillesse est curieuse et sympathique à la jeunesse.

Gertrude, en mettant les pieds sur le seuil de la porte, sembla éprouver comme un tressaillement involontaire qui n'échappa point au vieillard. Elle était troublée, en proie à une vague inquiétude. De toutes les personnes qui se trouvaient en sa présence, une seule en est l'objet, c'est Emile. Elle le cherche, le voit, et ses yeux ne semblent voir que lui. Il avait la figure souffrante, car un amour sans espérance y avait marqué ses terribles empreintes. Elle ressentit sa douleur, car elle comprit qu'elle n'était ni étudiée, ni hypocrite, mais d'une réalité qui fit tressaillir son cœur. Ses regards se portèrent alors sur lui avec une telle tendresse qu'elle pouvait en ce moment faire oublier au jeune homme toutes ses souffrances passées.

Tout ce cortége d'amis s'empressait autour de Gertrude et la félicitait d'être la bien heureuse mère d'Emile, car, malgré son éloignement momentané, on n'avait pas cessé de le regarder comme un enfant de la famille Bernard.

Le vieillard tenait encore dans ses mains celles des deux jeunes hommes, dans une attitude fière et solennelle. Quand il vit paraître Gertrude, son regard devint sévère et presque indigné.

La mère de Rosalie avait deviné ses secrètes pensées, ou pour mieux dire, elle avait lu dans l'âme du vieillard. Mais cette disposition, en apparence hostile, ne put modérer son enthousiasme! « Et vous, mes amis, s'écria-t-elle en désignant Emile et son compagnon, ne venez-vous pas aussi vous jeter dans mes bras ? »

Rosalie, placée à côté de sa mère, assistait à cette scène avec un air de triomphe ingénu. Il restait pourtant encore sur ses traits un dernier reflet de mélancolie : elle avait tant souffert! Mais dans ce moment un éclair de satisfaction ranimait son front candide ; son âme y était empreinte tout entière, comme, à la surface d'un miroir, toute image se réflète avec une complète vérité ; elle y apparaissait avec d'autant plus de charme et de séduction qu'il n'y avait pas la moindre trace de parti pris ni d'étude. Aussi Emile, tout entier à la contemplation de celle qu'il aimait, voyait avec une joie suprême que la douleur commençait à n'être pour elle qu'un souvenir.

Georges fut le premier qui s'approcha de Mᵐᵉ Bernard. Il lui pressa les mains, lui baisa le front avec un affectueux respect, lui témoigna sa reconnaissance pour une si amicale réception.

Emile, tout absorbé encore, n'avait rien entendu, rien vu que Rosalie ; mais ses yeux se rencontrèrent enfin avec ceux de sa seconde mère, qui lui tendait les bras et l'attirait à elle par un de ces regards d'une douceur ineffable, véritable aimant du cœur. Emile s'y précipita éperdu, comme s'il y eût cherché un asile. Son émotion était si violente qu'il ne pouvait pas même articuler une parole.

« Mon fils! mon enfant! s'écria Gertrude sentant les violentes pulsations de ce cœur longtemps méconnu! Emile! mon enfant! tu ne nous quitteras plus... » Bientôt, baissant la voix comme si elle ne parlait qu'à lui seul : « Ne sois donc plus triste, lui dit-elle ; oublie lo passé et sois heureux, car je te confie ce que j'ai de plus précieux au monde. »

Ces dernières paroles ne furent pas un événement pour les assistants. Pour le pauvre Gustave, elles produisirent l'effet d'un coup de massue. Il tressaillit de jalousie, baissa la tête et fit un grand effort sur lui-même pour étouffer les soupirs qui débordaient sa poitrine.

Gustave, comme nous avons pu nous en apercevoir, n'était pas de ces amants qui ont les manifestations bruyantes et hardies. Son amour pourtant n'en avait pas moins de violence, et il se retournait contre lui-même. Plus il s'était montré timide, plus il était jaloux maintenant. Jaloux de quoi? diront quelques esprits positifs ; on ne peut l'être que d'un bien déjà possédé et dont on redoute la perte. Eh! mon Dieu, est-ce ainsi que les amants raisonnent? Il était jaloux de ce qu'il aimait, de ce qu'il adorait avec passion, avec une frénésie concentrée, jaloux d'une idée, d'un fantôme, dont la réalité n'était qu'une chimère, qu'il ne possédait qu'en rêve et comme une insaisissable vision.

En ce moment surtout, le vague et l'incertitude redoublaient en son âme et lui infligeaient une torture contre laquelle il faisait des efforts pour réagir et affecter au moins un calme apparent. Un instant il en triomphait. Mais, malgré ses tentatives, elle revenait bientôt plus poignante, plus inexorable, et, dans une position si cruelle, cet amant désillusionné cherchait au milieu du naufrage de ses espérances à quelle planche de salut il pourrait encore se rattacher.

Emile, de son côté, éprouvait une joie intérieure, un ravissement que l'on ne saurait peindre. Il allait donc avoir une famille, connaître enfin ces plaisirs calmes et délicats que l'âme savoure à tous les moments de son existence auprès d'un objet aimé. Pour lui plus d'isolement : les plus heureuses perspectives s'ouvraient devant lui ; une âme était là, tendre confidente de la sienne, qui devait partager ses espérances et illuminer son avenir. Les expressions manquaient à sa reconnaissance. Il ne pouvait la témoigner à sa mère qu'en la dévorant de baisers. Mais son émotion fut encore bien plus vive quand Gertrude, réalisant les dernières paroles qu'elle avait prononcées, l'amena vers Rosalie, et lui dit, avec un doux sourire : « Eh bien! voilà ta fiancée! »

Les deux amants purent enfin donner un libre cours à leur expansion : tout obstacle avait disparu. Mais, à les voir, on aurait pu croire qu'ils n'étaient pas encore exempts de toute crainte. « Mon Dieu! mon Dieu! dit Rosalie en soupirant, est-ce un rêve? S'il en est ainsi, ne nous réveillez pas! » Et pendant qu'Emile lui pressait les mains avec un enthousiasme mal contenu, il sentit deux larmes couler sur ses deux mains tremblantes. Que se passait-il alors dans le cœur de l'heureux amant, à cette manifestation pure et naïve d'un amour qui avait été un long rêve de ses pensées? Nul ne peut le dire, si ce n'est les âmes qui ont éprouvé les mêmes sentiments et partagé les délices d'une pareille émotion. Pour elles la joie et le bonheur qui débordaient le cœur d'un tel amant ne sont pas un mystère.

Emile ne pouvait ni contenir son ivresse ni répondre à ces mots entrecoupés prononcés à voix basse et entendus de lui seul ; en un tel moment la parole humaine aurait été impuissante à rendre tout ce qu'il éprouvait. Après un long silence que rendait bien plus éloquent encore la contemplation de l'objet aimé, il porta sa lèvre brûlante sur le front pâlissant de la jeune fille : ce fut leur baiser de fiançailles.

Il s'établit alors un courant électrique entre les regards de nos fiancés. Ils restèrent absorbés dans une éloquente et muette adoration, extase inénarrable de l'amour qui espère.

Georges partageait le bonheur de son ami. Il contemplait en silence les deux amants. A chaque instant il semblait vouloir parler pour leur témoigner quelle part il prenait à leurs joies, à leurs espérances... Mais on eût dit qu'il redoutait de troubler leur colloque mystérieux. Enfin son émotion lui déborda le cœur, et il s'écria :

« O jour de bonheur ! puisses-tu être l'aurore d'une radieuse série d'années pour ce jeune couple à qui tu présages des espérances qui, trop souvent en ce monde, se changent en déception !... Mais ici point de ces craintes chimériques. Ces deux cœurs soumis à tant d'épreuves qui entravaient leur union sont arrivés enfin au port, et désormais, par leur accord mutuel, ils réaliseront, pour leur bonheur et le nôtre, à nous qui les connaissons et les chérissons, le plus doux problème de l'existence humaine : l'union de deux êtres que la mort seule semble rompre, mais qui cependant franchit les limites de la tombe.

« Ainsi pour vous, chers amis, s'ouvre une carrière toute nouvelle, que, je l'espère, vous sèmerez de fleurs. Que dis-je, espérer? j'en ai la conviction.

« Dès ce moment tout change autour de vous, et cette union si désirée vous crée une situation nouvelle. Aussi, mon cher Émile, tu dois, si je ne me trompe, renoncer au métier des armes, autant pour donner à ta destinée un caractère de paisible sécurité que pour prendre un essor plus marqué dans une carrière qui s'ouvre à toi sous les plus beaux aspects. Un goût dominant, une passion, se sont tout à coup révélés en toi. Comme par instinct, et sans effort, tu es arrivé aux plus belles conceptions musicales, et au mérite de la composition tu joins celui d'une exécution brillante ; suis donc ta voie. Aujourd'hui la plus adorable des familles t'ouvre ses bras à jamais ; c'est pour toi le meilleur des patronages ; elle te sert de point d'appui jusqu'au moment où les talents supérieurs t'ouvriront le chemin de la fortune. Après avoir été d'abord un objet d'agrément, l'art peut devenir pour toi un des plus puissants leviers pour la conquérir. Avec tous ces éléments tu as le présent assuré et la perspective d'un avenir prospère. Quant à moi, mon lot est bien différent ; je n'ai plus de famille, nulle route bien tracée, bien dessinée, ne s'ouvre devant moi pour le présent, et je n'ai pas de plan combiné pour l'avenir. Je suis encore trop jeune pour songer au mariage, et je puis suivre l'existence aventureuse des camps, sachant bien que je n'ai pas ainsi que toi un objet aimé, une fiancée, que mon éloignement plongerait dans la tristesse et l'ennui. Mais toi, ô mon cher Émile, t'éloigner ! ce n'est pas possible. Ainsi, puisque le Ciel vous a si bien faits l'un pour l'autre (car on chercherait vainement un couple mieux assorti), tu ne peux, pas plus que nous, altérer au souffle des hasards une si parfaite union. Si mes conseils ont quelque influence sur tes résolutions, tu resteras ici, tout entier à des devoirs qui, j'en suis sûr, te paraîtront doux à remplir. Te conseiller d'agir autrement, ce serait une mauvaise action. Pour moi je repousse la solidarité d'un tel conseil ; si un moment je pouvais en être complice, je me le reprocherais toute ma vie. Bien mieux, je considère comme un devoir pour moi de contribuer, pour ma part, à ce que tu puisses librement suivre la voie que l'amour te trace ainsi que tes véritables intérêts. Ainsi donc, Émile, c'est convenu, je te remplace.

« Sous peu de jours, l'armée française va franchir la Méditerranée. Ton régiment sera peut-être désigné pour la guerre qui se prépare. Dans ta situation nouvelle, tu ne peux, tu ne dois, à aucun prix, en courir les risques.

— Je ne puis abuser ainsi de ton amitié, dit vivement Émile. Ton offre est l'expression de ton âme aussi grande que généreuse. Mais Dieu me préserve de l'accepter ; je veux pouvoir regarder en face un ami.

— Pourtant, réplique Georges, je suis bien libre de servir mon pays. Que ce soit en mon nom ou au tien, qu'importe ! je ne l'en servirai pas moins, et ce sera pour moi une double consolation de penser qu'en accomplissant un devoir, je contribue à votre bonheur.

— Le sacrifice que tu veux t'imposer, Georges, passe les limites du dévouement ; je ne puis, je ne dois pas l'accepter.

— Émile, répond Georges d'un ton ferme, c'est en vain que tu cherches à vaincre ma résolution. Rien au monde ne la fera changer. Ce que je veux avant tout et par-dessus tout, c'est non-seulement votre union, mais encore le calme, la sécurité, qui doivent en embellir tous les jours. »

Dans ce moment trois coups retentissent à la porte; on s'empresse d'ouvrir, et on voit s'avancer M. R., président de la R∴ L∴ des Arts-Réunis, accompagné de plusieurs frères.

Tout le monde fut frappé de la majesté de son visage, de l'expression élevée et sereine de ses traits. Sa belle chevelure blanche semblait annoncer un grand âge, mais son corps était à peine voûté; sa démarche ferme, la fraîcheur de son teint, la vivacité de ses regards, prouvaient que les années avaient respecté en lui la séve de l'âge viril.

Après quelques politesses échangées de part et d'autre, le grand-père fit à l'assemblée un signe expressif, comme pour lui donner à comprendre que la présence des nouveaux venus réclamait certain mystère. Mais le président, qui l'avait deviné, se hâta de le prévenir : « Monsieur, dit-il, nous serions bien fâchés que notre présence pût troubler une si belle fête de famille. D'ailleurs la mission que nous venons remplir de la part de nos frères a un tel caractère, que nous désirerions plutôt voir s'agrandir cette enceinte, et cette réunion s'augmenter en nombre; car nous ne sommes pas venus seulement vous offrir nos félicitations pour l'heureux événement de ce jour, mais encore témoigner à ces deux excellents amis (et il désignait Georges et Émile) les sentiments que leur généreuse conduite a excités dans l'âme de nos frères. Frères Émile et Georges, continua-t-il, vous me voyez tout heureux d'en être l'interprète auprès de vous.

« L'amour de l'humanité a parlé à vos cœurs, et ils se sont dévoués avec ce désintéressement qui convient tant à de nobles caractères. Pour eux le bien seul les attire dans ses généreuses voies, et ils l'accomplissent sans jactance, sans avoir besoin d'étaler cette ostentation qui bien souvent déshonore l'être humain. Appelés par le cri de la détresse, vous n'avez pas calculé tout ce que vous aviez d'obstacles à vaincre pour arracher un de vos semblables au péril d'une mort certaine. Son salut est le prix de votre lutte courageuse. Honneur à vous qui avez agi en vrais Francs-Maçons !

« Votre conduite en face d'un péril imminent est au-dessus de tout éloge, et nous ne saurions mieux faire que de lui rendre un solennel hommage, en vous déclarant que, par un tel acte de vertu, vous avez conquis des droits à notre estime et à notre admiration. Grâces soient rendues au Grand-Architecte de l'Univers, qui, en couronnant vos efforts, a conservé à l'humanité trois existences précieuses ! »

Georges et Émile tendent au président et à ses amis une main fraternelle. Soit modestie, soit émotion, la parole leur manque pour répondre aux éloges de leur vénérable collègue. Pendant quelques instants leurs yeux seuls furent les organes sensibles de leurs pensées. Ce fut un colloque muet, pathétique, où de vrais amis faisaient en silence l'échange mutuel des sentiments les plus nobles et les plus généreux.

Ils restèrent longtemps silencieux, les mains unies comme dans une sainte communion. Enfin le président reprit la parole.

« Frère Georges, dit-il, nos frères de la R∴ L∴ des Arts-Réunis ont aussi appris avec bonheur la noble démarche que vous avez faite pour remplacer le frère Emile. Une telle résolution est digne de votre caractère et de la générosité de vos sentiments. Mais votre départ nous priverait tout à la fois d'un frère que nous estimons et nous enlèverait le bonheur de prendre notre part d'une bonne action. Vous nous resterez donc, frère Georges, et vous comblerez nos désirs les plus chers en nous laissant le soin de pourvoir au remplacement du frère Emile.

— O noble rameau détaché du tronc populaire, s'écria le grand-père en entendant ces paroles... O sublime institution ! En elle se trouvent réunis les sentiments de la plus pure philanthropie, l'observation religieuse des principes sur lesquels repose le bonheur du monde ! Aimez-la, mes enfants ! travaillez à sa propagation.

« C'est par elle que s'allumera le flambeau qui doit éclairer le monde entier, reprit le pasteur, car c'est toi qui en es le foyer, ô Grand Architecte de l'Univers ! Les nombreux enfants qui la composent, n'ayant en vue que le triomphe de tes lois providentielles, le porteront courageusement à travers les ténèbres qui obscurcissent la raison humaine et rendront les hommes meilleurs en les éclairant. La connaissance de la vérité est la première source de la dignité de l'homme. »

Tous les invités, en entendant ces généreuses paroles, laissent éclater sur leurs traits la joie et l'enthousiasme qui pénétraient leurs âmes.

Quant au père Abondio, sa place à une telle fête ne semblait pas avoir un caractère bien franc Probablement il eût préféré qu'elle n'eût pas lieu. Mais il avait pris son parti en brave. D'ailleurs, une curiosité maligne l'y avait amené, et parmi toutes ces figures épanouies, la sienne laissait percer une joie d'emprunt mêlée de sourires à travers lesquels un œil intelligent pouvait démêler une ironie à peine contenue. Il se tenait dans l'ombre et à l'écart. Malgré la longue habitude qu'il avait

de maîtriser sa physionomie et de ne lui laisser dire que ce qu'il voulait, il craignit pourtant de se trahir.

Quel rêve! et quel réveil! se disait le jeune cultivateur, qui perdait
contenance au milieu de l'effusion générale, et regardait d'un œil fixe et
hagard tout cette assemblée qui se confondait en un même sentiment
d'admiration pour les deux héros de la fête, et du bonheur qu'ils par-
tageaient avec la famille Bernard. Il était là comme un étranger que le
hasard a jeté sans transition parmi des hommes dont le langage lui est
inconnu. La joie qui s'épanouit sur tous les visages est pour lui un
supplice. Une tempête intérieure gronde au fond de son âme; son sang
bouillonne, et les pulsations de son cœur sont tellement violentes qu'il
ne peut les contenir.

C'en était donc fait de cet amour qui avait si délicieusement bercé
son âme. Il fallait renoncer à cette douce chimère; Rosalie était à
jamais perdue pour lui. C'était donc une blanche et suave apparition
qui avait traversé l'horizon de ses rêves pour s'évanouir sans retour.

Pauvre humanité! l'amour comme la haine sont toujours prompts à
se bercer d'illusions.

Ranimé par la présence de sa tante, qui ne faisait qu'aller et venir
de la cuisine à la salle, de la salle à la cuisine, il trouve une occasion
pour se soustraire à son embarras toujours croissant. L'aplomb de la
ménagère qui veille à tout sans désemparer au milieu de son bruit
confus d'assiettes remuées, de plats qui se choquent, de ragoûts qui
frémissent sur les fourneaux, ranime un peu son courage. Il rassemble
toutes ses forces, passe vivement ses mains sur son front ruisselant de
sueur, pour cacher l'émotion qui le domine encore, et, comme poussé
par une curiosité irrésistible, il suit Agathe d'un pas rapide au moment
où, avec un air d'importance magistrale, elle reprenait la route de son
office. Comme les groupes des invités causaient entre eux vivement et
avec abandon, sa fugue ne fut point aperçue.

« Allons, courage! » se dit-il en se rendant à la cuisine sur les pas de
sa tante. Arrivé en sa présence, il resta muet devant elle, et Agathe,
qui comprenait à son attitude presque affaissée tous les combats qui se
livraient dans son âme, laissa tomber sur lui un regard d'adorable
pitié. Gustave y puisa quelque courage, et, rompant enfin le silence :
« Ma bonne tante, lui dit-il avec un accent désespéré, vous ma seule
amie, de grâce parlez-moi, quand tous les autres m'abandonnent! Dites-
moi, quel crime ai-je pu commettre pour mériter une telle torture? »

Agathe ne savait trop que lui répondre. Plaisanter sur de tels sentiments, c'est les froisser; suivre son neveu dans ses noires impressions,

c'était les aiguiser et les ranimer. Elle sut se tenir dans un moyen terme de paroles consolatrices et d'espérances qu'elle s'efforçait de faire partager, mais sans trop y réussir, à ce pauvre dépossédé. « Ah! dit-elle enfin, poussant un profond soupir. Qui sait, mon ami? tu es jeune... et Dieu te réserve peut-être plus de bien que tu n'en attends. Mais gare! gare! mon cher Gustave, reprit-elle, le temps presse et nos fourneaux chôment.

— Ah! ma tante, répliqua Gustave plein de dépit, vous prenez cela bien philosophiquement....

— Il le faut bien, mon ami.

— Il le faudrait sans doute ; mais le moyen de le prendre ainsi, lorsqu'on aime et sans espérance encore? Ah! je commence à croire surtout que c'est à moi spécialement que s'appliquent les réflexions de mon ancien magister. Il nous disait que les projets de l'homme sont comme des navires qui voguent entre des écueils. En avais-je formé dans mon cœur! et dans quelle atmosphère d'illusions je les berçais!... Ah!... »

Bientôt un coup frappé sur l'épaule de Gustave vint interrompre ses réflexions. C'était Adolphe qui, d'un air joyeux, lui montrait quelques stances qu'il venait d'achever.

« Tiens, Gustave, que me dis-tu de ceci? Comment trouves-tu ces stances? N'est-ce pas qu'il y a de la verve, de la grâce... de... de... »

Le jeune campagnard jette un moment les yeux sur ce chant naïf d'un cœur ému par la félicité d'une sœur qu'il aimait. Bien que les vœux et les images qu'il contenait fussent un supplice pour lui, il ne put lui refuser un geste d'approbation. « Et moi aussi, dit-il enfin, plein d'une exaltation soudaine, je suis poëte! J'ai passé des nuits et des jours à noircir des rames de papier, leur livrant les expressions de mon âme fougueuse, chantant la nature et cherchant à peindre ses harmonies sous les couleurs les plus vives et les plus saisissantes. J'y jetais des fleurs à pleines mains, et je variais mon langage, tantôt lent et monocorde comme la douleur, tantôt sonore et vibrant comme la joie. Ah! le beau privilége que celui de la poésie! La poésie est une enchanteresse qui entraîne la pensée jusqu'aux horizons les plus lointains, à travers lesquels bien souvent brille un rayon lumineux qui ravive au cœur l'espérance. Dans les moments solennels où elle visite le malheureux, elle lui compense, par des rêves mystérieux et de vaporeuses illusions, tout ce qu'il perd à chaque heure au contact des réalités.

— Touche là, digne confrère! s'écria Adolphe avec enthousiasme. Je suis heureux de t'entendre parler ainsi. Jusqu'à ce moment, je n'avais su voir en toi qu'un ami et un bon voisin... Mais tu es mon émule, c'est bien. Nous pourrons, dans nos bons moments, parcourir ensemble les bois touffus, mêler nos rêveries, lutter entre nous comme jadis Ménalque et Mélibée, et nous disputer le prix du chant et de la poésie. »

Pendant que nos deux amis, se pressant les mains, scellaient entre eux le pacte de l'amitié et de la poésie, Agathe vint les prévenir que le dîner était servi.

Adolphe la regarde en souriant : « Est-ce que de vulgaires besoins, lui dit-il, conviennent aux enfants de la lyre ! Fi donc ! je n'ai faim que de gloire, je n'ai soif que de mélodie. A moi les fleurs et le soleil ! à moi l'air et la liberté ! Je ne vis en réalité que de poésie.

— Aliment peu substantiel, dit Gustave avec un sourire sarcastique.

— Celui-là n'empêche pas l'autre. Bien mieux, il lui prête de l'attrait, réplique Adolphe. Allons en faire l'épreuve. »

Et les deux jeunes gens se dirigèrent bras dessus, bras dessous, vers une grande salle voûtée, où se trouvait dressée une table somptueusement servie.

Les convives occupaient déjà leurs places. Le nombre en était plus grand que Gertrude et Agathe ne s'y étaient attendues; car le grand-père avait mis tant d'instance à retenir le président de la R.˙. L.˙. et ses dignes confrères, que ceux-ci, pour ne pas le désobliger, avaient accepté son invitation improvisée... Mais les préparatifs de nos deux ménagères suffisaient de reste pour triompher de ce cas imprévu. Aux grands jours, les tables dauphinoises sont des types d'abondance.

Tous les visages respiraient le contentement et la joie. Ils étaient le reflet du bonheur qui éclatait sur celui du vieillard et de sa famille.

Gertrude semblait revenue à sa première jeunesse. Sur toute sa personne rayonnait l'épanouissement de l'amour maternel satisfait. Aussi avec quel heureux mélange de gaieté et d'attention délicate elle préside au service! avec quel tact elle fait les honneurs de la table! Elle a l'œil à tout, elle devine et prévient les désirs des convives, et le moindre signe suffit à sa fidèle interprète Agathe pour qu'elle les remplisse à l'instant même qu'ils naissent.

Bientôt la salle retentissait d'éclats joyeux mêlés de vives saillies. Mais Emile paraissait étranger à ce mouvement; il n'avait des yeux que pour sa fiancée, dont les regards lui répondaient avec cette éloquence qui n'appartient qu'au véritable amour. Ils formaient un monde à part en présence de ces groupes réunis à leur intention; et les félicitations dont ils étaient l'objet avaient peine à troubler les doux propos dont ils faisaient l'échange mystérieux à voix basse.... Oh! c'est qu'il règne une musique ineffable dans les modulations qui vibrent d'une voix de femme lorsqu'elle nous dit sur les tons si variés cette parole vieille comme le monde et toujours nouvelle pour un amant : Je t'aime !

Vers la fin du repas et alors que les convives se disposaient à faire leurs derniers compliments aux fiancés, Adolphe, profitant d'un instant de calme, déploya d'un air capable un petit rouleau de papier qu'il tenait dans la main, puis salua l'assemblée comme lui demandant son assentiment. L'attention bienveillante des assistants et leur silence lui témoignèrent bientôt qu'il était compris, approuvé, et qu'on était disposé à l'entendre.

« Voici, dit-il, le titre de ma romance.

LES FLEURS DE L'ÉTERNEL AMOUR.

Sur les coteaux de Sassenage,
Parmi ces bosquets et ces fleurs,
Dès l'aube de leur premier âge
Se chérissaient deux jeunes cœurs.
Ils attendaient..., heureuse attente !
Qu'enfin rayonnât ce beau jour,
Pour couronner leur foi constante...
La fleur de l'éternel amour.

Comme la brise matinale
Se joue entre ces bosquets verts,
Toujours leur bouche virginale
Mariait ses tendres concerts.
On y parlait, douce promesse !
Des vœux qu'accomplit ce beau jour :
Propos qu'un saint espoir caresse
Sont fleurs d'un éternel amour.

Mais, hélas ! un arrêt sévère
A leur désir vint mettre un frein ;
Et, dès lors, pour eux sur la terre
Il ne fut plus de jour serein.
Chaque instant doublait leur souffrance...
Pour eux fuyait un si beau jour ;
Avec lui fuyait l'espérance,
La fleur d'un éternel amour.

> Va, disparais, sinistre rêve !
> Tu n'es plus qu'un vain souvenir ;
> Tu n'as pu flétrir en leur sève
> Ces deux cœurs si pleins d'avenir.
> Nous, témoins de leur joie extrême,
> Bénissons tous un si beau jour ;
> Il rend à ce couple, qui s'aime,
> La fleur d'un éternel amour.

Tous les convives félicitèrent le jeune poëte, et l'encouragèrent à suivre cette brillante carrière.

Georges contemplait le bonheur de tout le monde, en se disant tout bas : « Voici une journée dont je suis fier. Je voudrais initier tous les convives, même le père Abondio, notre redoutable adversaire, aux joies simples et douces que goûtent les enfants de la lumière, après le devoir accompli. »

A son tour le jeune fiancé fit un signe de remercîment à son futur beau-frère, et sembla réclamer l'attention de l'auditoire. Elle lui était acquise d'avance : on savait qu'un artiste allait se faire entendre ; un artiste, surtout, que l'amour couronne, réveille autour de lui les plus vives sympathies. Aussi l'intérêt des invités devint plus vif encore lorsque Emile leur donna le titre de l'improvisation suivante.

ESPÉRANCE ET DÉVOUMENT.

CHANT MAÇONNIQUE.

> Mes premiers jours en cette vie
> Furent sombres et douloureux ;
> Sans père, et presque sans patrie,
> Je formais de stériles vœux.
>
> Soutien des cœurs, ô Franc-Maçonnerie !
> Je t'implorais en ce cruel moment,
> Et je puisais en toi, mère chérie !
> L'espérance et le dévoûment.
>
> Mais au milieu de mes jours sombres
> M'apparaît un rayon divin,
> Rayon que, bientôt voilé d'ombres,
> Dans l'horizon je cherche en vain.
> Soutien des cœurs, etc.

> Deux cœurs brisés ! arrêt suprême,
> Qui pourra jamais te fléchir ?
> Ah ! malgré tes rigueurs on s'aime...
> Faut-il espérer ou mourir ?

Soutien des cœurs, etc.

> Il faut mourir ! — Non, dit un frère
> Relevant mon cœur abattu ;
> Viens, tu vaincras le sort contraire
> Par les efforts de la vertu.

Soutien des cœurs, ô Franc-Maçonnerie !
Que j'implorais en ce cruel moment ;
Tu m'envoyas, ô ma mère chérie !
L'espérance et le dévoûment.

> Et je le suis ! Au fond d'un gouffre
> Une âme en peine se débat ;
> Lui, fidèle à la voix qui souffre,
> Au danger offre le combat.

Soutien des cœurs, etc.

A ces derniers mots le ministre protestant se lève, va joindre Georges, lui presse les mains, l'entraîne dans les bras d'Emile, et les trois amis s'étreignent longtemps au milieu des applaudissements et des larmes de toute l'assemblée. — Emile continue alors, en montrant le jeune pasteur :

> Il est sauvé ! bonheur extrême !
> Gloire, frère, à ton noble effort.
> Il sauve encor celle que j'aime,
> De mon cœur l'unique trésor.

Soutien des cœurs, etc.

> C'est toi qui me la rends, ô frère,
> De mes pensées la tendre fleur.
> Fils généreux de la lumière,
> Par toi renaît notre bonheur.

Soutien des cœurs, ô Franc-Maçonnerie !
Je te bénis en cet heureux moment,
Toi qui me rends, ô ma mère chérie !
L'espérance et le dévoûment.

A ces derniers mots, un cri d'enthousiasme jaillit de toutes les poitrines. Gustave, lui-même, en subit l'entraînement. Il se précipite dans

les bras de son heureux rival : « Emile, dit-il avec un accent chaleureux, jouis de ton bonheur et de ton triomphe : la perle du Dauphiné
devient le prix de ton amour et de ton dévoûment. Elle était digne d'un
cœur pareil au tien, comme tu es digne d'elle par ton amour et ta
vertu. Ils grandiront l'un et l'autre au milieu des sentiments que t'in-
spirent les dogmes fraternels de la Franc-Maçonnerie. O sainte et noble
institution ! Tu lui as servi d'appui et de guide au milieu des orages de
la vie ! Quelle âme sincère, après un tel exemple, ne se rallierait pas à
toi ? Le plus beau jour de ma vie sera celui où tu daigneras m'ouvrir
ton sein ; c'est alors que je pourrai unir mes chants à ceux d'un si digne
adepte, et dire comme lui :

> Soutien des cœurs, ô Franc-Maçonnerie !
> Je te bénis en cet heureux moment,
> Toi qui me rends, ô ma mère chérie !
> L'espérance et le dévoûment.

Alors, montrant Emile :

> Il triomphe sous tes auspices,
> O mère des cœur généreux !
> Et de l'hymen les doux prémices
> Auront bientôt comblé ses vœux.
>
> Soutien des cœurs, ô Franc-Maçonnerie !
> Il te bénit en cet heureux moment,
> Toi qui lui rends, ô sa mère chérie !
> L'espérance et le dévoûment.
>
> Du présent que le ciel t'envoie,
> Heureux amant, jouis en paix ;
> Dans ton amour puise une joie,
> Un parfum qui ne meurt jamais.
> Soutien des cœurs, etc.
>
> En ces lieux, de plus en plus belle,
> Du Dauphiné la chaste fleur,
> Dont la grâce est toujours nouvelle,
> Sera ton centre de bonheur.
> Soutien des cœurs, etc.

A peine il achevait, qu'une voix joyeuse se faisait entendre à l'extrémité de la salle : « Bravo, Gustave; courage, poëte ! On ne s'arrête
pas en si beau chemin. Tu es sur une route par laquelle, dit une poëte

latin, *Itur ad astra.* Continue donc tes chants, et suivant la formule du maître de la muse latine, tu atteindras les sommets de l'Olympe. »

Adolphe était l'auteur de cet impromptu. Il applaudissait à tout rompre. Pendant que l'enthousiasme gagnait de proche en proche, et que tout le monde applaudissait à son exemple, Agathe, ivre de joie, accourait vers son neveu et lui prodiguait ses caresses : « C'est bien, disait-elle, mon Gustave. Je suis heureuse de voir que tu es un homme ; c'est bien. Et je te félicite de la bonne pensée que tu as formée d'imiter ces bons amis. Marche sur leurs traces, cher neveu, cela te portera bonheur.

— Ma tante, dit le jeune homme avec une modestie qui n'excluait pas la dignité, il n'est pas de sacrifice que je ne sois disposé à faire pour atteindre le but que vous me proposez. Il faut cependant que je m'en montre digne.

— Bravo! bravo! jeune homme, » s'écria le vieux grand-père.

Les Frères Maçons approuvèrent du geste cette manifestation du vieillard.

« Bravo! » répondirent à l'unisson tous les invités.

Au milieu de cette joie, pour ainsi dire générale, un seul homme restait morne, silencieux et comme frappé de stupeur : c'était le père Abondio. Malgré le désappointement qui s'accusait sur ses traits, on voyait qu'il était plongé dans de profondes réflexions. Était-il vaincu par la force des beaux exemples que venaient de donner ces jeunes hommes, coupables à ses yeux de professer des doctrines qu'il regarde comme l'abomination de la désolation? Ou bien méditait-il de nouveaux plans de campagne, afin de battre en brèche, par des mines souterraines, l'œuvre de ces modernes croyants et de leur généreuse phalange? Nous laissons au temps et à nos lecteurs le soin de résoudre ce sérieux problème.

Un dernier vivat le fit sauter sur son siége. Il se leva d'un air bénin, salua Mme Bernard avec un mielleux sourire, et partit l'oreille basse, pendant qu'Adolphe, se joignant à Gustave, l'encourageait du geste et lui criait : « *Bis! bis!* Gustave! »

Et le neveu d'Agathe reprit :

En ces lieux, de plus en plus belle,
Du Dauphiné la chaste fleur,
Dont la grâce est toujours nouvelle,
Sera ton centre de bonheur.

Soutien des cœurs, etc.

Toute l'assemblée accompagna le dernier couplet de ses chaleureux applaudissements. Avant qu'Emile se fût rassis, Gertrude se précipita dans ses bras avec un rayonnement de joie qui aurait semblé tenir du délire s'il n'avait eu pour motif et pour excuse l'amour maternel. On eût dit qu'en ce moment elle cherchait à regagner les longs instants qu'elle avait perdus depuis le jour où ce fils adoptif, maintenant reconquis au foyer, en avait été banni autant par un sentiment exquis de susceptibilité froissée que par d'injurieuses préventions. Emile répondait aux protestations muettes et aux larmes de sa mère adoptive par des larmes aussi douces, et la pantomime expressive de sa physionomie, langage souvent plus éloquent que la parole même... Et tout ce cortége d'amis émus, attendris par cette réconciliation inespérée, les entourait de ses félicitations.

Quelques instants après, chacun partit emportant les plus délicieuses impressions, et laissant une famille qui leur était chère se livrer à la sainte et naïve expansion d'une amitié que rien n'aurait dû altérer.

Est-il besoin de dire à nos lecteurs qu'après un tel dénouement le bonheur d'Emile ne pouvait manquer d'obtenir sa consécration définitive ? Non, chacun le devine. Un amour si vrai, si enthousiaste, si désintéressé, cette communion divine entre deux jeunes âmes, est un bien si rare, si sacré, que tout semble conspirer pour hâter les heures de son triomphe.

Peu de jours après, les cloches voisines, avec leur carillon le plus joyeux, annonçaient à la banlieue de Grenoble un mariage : Emile et Rosalie étaient conduits à l'autel par ce même cortége de parents et d'amis qui naguère avaient applaudi de si bon cœur à l'heureux retour opéré dans l'âme de Mme Bernard ; nouvelle fête, encore plus joyeuse, qui venait mettre le dernier sceau à la prospérité future de ces deux êtres, d'abord amants fidèles et tendres, et maintenant couple charmant et admiré.

FIN.

BIBLIOTHÈQUE IMPÉRIALE

TABLE.

—

6285 — Paris, impr. Jouaust et fils, rue Saint-Honoré, 338.

DU MÊME AUTEUR :

LA PATRIE & LA TOMBE

1 VOLUME IN-8°.

LA RETRAITE DES DIX MILLE

1 vol. in-8° de 400 pages.

222ℨ — Paris, imp. de Jouaust et fils, rue Saint-Honoré, 338.

www.ingramcontent.com/pod-product-compliance
Lightning Source LLC
LaVergne TN
LVHW022331170726
843503LV00006B/2811